ACCESO GRATIS *a la Lectura en la Nube*

Para visualizar el libro electrónico en la nube de lectura envíe junto a su nombre y apellidos una fotografía del código de barras situado en la contraportada del libro y otra del ticket de compra a la dirección:

ebooktirant@tirant.com

En un máximo de 72 horas laborables le enviaremos el código de acceso con sus instrucciones.

La visualización del libro en **NUBE DE LECTURA** excluye los usos bibliotecarios y públicos que puedan poner el archivo electrónico a disposición de una comunidad de lectores. Se permite tan solo un uso individual y privado

Los testamentos digital y electrónico: una visión de Derecho internacional y comparado

Procedimiento de selección de originales, ver página web:
www.tirant.net/index.php/editorial/procedimiento-de-seleccion-de-originales

Los testamentos digital y electrónico: una visión de Derecho internacional y comparado

Javier Serrano Copete
Notario de Barcelona

tirant lo blanch
Valencia 2024

Director de la colección:
ANDRÉS RODRÍGUEZ BENOT

Secretario de la colección:
CÉSAR HORNERO MÉNDEZ

EDITA: TIRANT LO BLANCH
C/ Artes Gráficas, 14 - 46010 - Valencia
TELFS.: 96/361 00 48 - 50
FAX: 96/369 41 51
Email: tlb@tirant.com
www.tirant.com
Librería virtual: www.tirant.es
DEPÓSITO LEGAL: V-2074-2024
ISBN: 978-84-1056-952-2
MAQUETA: Innovatext

Si tiene alguna queja o sugerencia, envíenos un mail a: *atencioncliente@tirant.com*. En caso de no ser atendida su sugerencia, por favor, lea en *www.tirant.net/index.php/empresa/politicas-de-empresa* nuestro Procedimiento de quejas.

Responsabilidad Social Corporativa
http://www.tirant.net/Docs/RSCTirant.pdf

A mis sobrinos: Ignacio y Lucía Labrador Serrano, fuentes de amor y orgullo eterno.

Índice

PRÓLOGO

El Derecho sucesorio internacional, de la mayor complejidad en los ámbitos normativo y científico, ha vivido un desarrollo exponencial en los últimos 60 años. En el primero de ellos, a raíz del exitoso Convenio de La Haya de 1961 sobre la Ley aplicable a la forma de las disposiciones testamentarias en el plano universal y del no menos relevante Reglamento sucesorio (UE) 650/2012 en el plano regional europeo. En el ámbito científico, el profundo desarrollo de esta materia se ha debido, en buena medida, a las continuas aportaciones de notarios españoles y extranjeros en un campo donde sus funciones —preventiva y ejecutiva— adquieren particular importancia. En este marco se incardina la excelente obra que tengo el honor de prologar.

La misma es un fruto más de la labor llevada a cabo desde 2019 por la Cátedra de Derecho Notarial Internacional y Comparado (CDNIC) creada por la Facultad de Derecho de la Universidad Pablo de Olavide y el Ilustre Colegio Notarial de Andalucía. En una de sus líneas de trabajo, consistente en la formación especializada de los operadores jurídicos, se invitó al autor de esta monografía a pronunciar una conferencia sobre los aspectos de Derecho internacional y comparado del testamento digital. El rotundo éxito de la misma se prolonga en el libro que el lector tiene en sus manos por una serie de razones. La primera, el objeto de la investigación: una realidad creciente en la práctica testamentaria de una complejidad considerable en lo formal y en lo sustantivo. La segunda, el factor subjetivo: la brillantez de su autor, Notario de Barcelona, egregio jurista, erudito destacado y excelente comunicador. La tercera, el elemento funcional: la original manera de escribir, los completísimos materiales manejados o la acertada estructura del trabajo.

Por esos y otros motivos esta monografía, que supone la sexta entrega de la colección *Cuadernos CDNIC*, no puede ser otra cosa que un destacado paso más en el desarrollo firme de los estudios acerca del Derecho sucesorio internacional, donde el notariado español es primer actor por méritos propios.

Andrés Rodríguez Benot

Catedrático de Derecho internacional privado

Universidad Pablo de Olavide

NOTA INTRODUCTORIA

Es cuasi un deber moral de todo autor explicar, en su introducción, los motivos que le han llevado a la redacción del libro que se presenta. En mi caso la primera chispa surgió de un tema de oposición a Notarías (el relativo al testamento ológrafo) en el que se hacía mención a una sentencia australiana sobre un testamento hecho en formato Word y depositado en usb. En este caso la curiosidad no mató al gato y ello me condujo a dos conferencias.

La primera de todas ellas fue motivada por una conversación informal con mi Vice-Decana, Raquel Iglesias Pajares, a raíz de una conferencia dictada por mi preparador, Ramón García-Torrent Carballo[1], cuando me preguntó, recalcando que los jóvenes éramos los que teníamos que dar las

---

1 WebiNot 55.— "Los regímenes económicos matrimoniales y las parejas de hecho", que tuvo lugar el 1 de febrero de 2023. Disponible en: https://www.youtube.com/watch?v=OYnm3k3XSQk Todo agradecimiento hacía un preparador puede parecer debido, pero cuando se es "tanto más" que un profesor para el que aquí escribe, lo menos es reconocerlo las veces que haga falta, y con todo merecimiento, por su paciencia, empeño, y lo más importante, cariño y ejemplo.

próximas conferencias (Webinots) en el Colegio de Notarios de Cataluña, "¿y tú de qué sabes?".

Rápidamente le comenté a mi tío, Ángel Serrano de Nicolás, que me iba "a tirar a la piscina" y que me atrevería a dar una conferencia en mi Colegio, sobre el testamento, recalcando aspectos históricos y tecnológicos. La Webinot: "*El testamento: una institución milenaria ante el reto electrónico*[2]" tuvo lugar el miércoles 21 de junio de 2023, en el Colegio Notarial de Cataluña, y, de nuevo, una cosa llevó a otra.

En el marco de la Cátedra de Derecho Notarial Internacional y Comparado (CDNIC), el maestro, consejero, e inmejorable amigo, Andrés Rodríguez Benot, me propuso efectuar una conferencia similar en Sevilla (tierra de origen de mi familia materna), centrándome en el testamento digital y electrónico[3]. La conferencia: "*El testamento digital: aspectos internacionales y de Derecho comparado*[4]" tuvo lugar el 9 de noviembre

---

2 Conferencia disponible en el siguiente link: https://www.youtube.com/watch?v=gLguf8Q_6KA

3 Todo agradecimiento a la figura y amistad de Andrés Rodríguez Benot será, en mi caso, siempre insuficiente por naturaleza. Quiero hacer extensivo el abrazo y agradecimiento a César Hornero Méndez, quien me hizo todo más fácil (su amistad era imposible dificultarla por su extrema gentileza y bonhomía).

4 Conferencia disponible en el siguiente link: https://www.youtube.com/watch?v=1LBSVrwGTl4

de 2023, en el Colegio Notarial de Andalucía (sede de Sevilla). Esta charla, difícilmente más disfrutada, me llevó en este caso a este libro; y aquí es donde comienza la presentación, netamente, del mismo.

Ya desde mi más tierna infancia fui tanto amante de las ciencias naturales como de las sociales, de la historia y de la biología, yendo del Bachillerato científico-sanitario a la Licenciatura en Derecho. Mi primera obra editorial jurídica no podía dejar de hacer homenaje a esta voluntad de correlacionar diferentes ámbitos y fundamentos. De hecho, el más insigne biólogo del siglo XX y comienzos del XXI, Edward O. WILSON[5] fue un firme defensor de la unidad del conocimiento y la mitigación de diferencias entre las ciencias sociales (Derecho incluido) y las naturales y tecnológicas, es decir, fue un firme partidario de la "unidad del conocimiento". El conocimiento por compartimientos estanco siempre es limitador, y estar al margen de la realidad científico-tecnológica jamás ha sido una opción para el Derecho.

La sociedad del *Big Data*, los desafíos de la Inteligencia Artificial (IA) o el uso, y abuso, de

---

Entrevista por razón de la misma disponible en: https://www.youtube.com/watch?v=OBBtITCJ_ok

5 WILSON, E.O., *Consilience: la unidad del conocimiento* (trad. de J. Ros i Aragonès), Galaxia Gutenberg, Barcelona, 1999.

las técnicas virtuales e informáticas por el grueso de la población, no pueden ser obviados por el Derecho civil (el general, el regulador de las relaciones más comunes de la convivencia humana), no pudiendo quedar la muerte, en tal ámbito, sin contemplar, pues algo dejamos al morir en la era digital (la huella digital) y, sin lugar a dudas, pocos campos hay hoy más necesitados de regulación o abiertos al debate.

Este libro tiene momentos pasionales, en positivo y en negativo. Del optimismo por la necesaria regulación de un "nuevo mundo" (el digital) y unos nuevos bienes (los digitales), todo ello en el marco del llamado "testamento digital", al belicismo, y escasa contemplación, ante los "testamentos electrónicos" o la chabacanería sucesoria influenciada por el Derecho anglosajón (*Common Law*)[6]. El resultado es este estudio que espero que guste al lector, y en el que, en todo caso, se me sepa perdonar por el entusiasmo y amor que le he puesto al confeccionarlo.

---

6 Al respecto tuve ocasión de dictar la conferencia: *"El testamento: una institución netamente romana ante el reto electrónico y el peligro anglosajón"*, en el VI Congreso Internacional de Derecho Administrativo, Fiscal y Medioambiental Romano (14 diciembre 2023), dirigido por mi admirado amigo, a la vez que maestro, Antonio Fernández de Buján.

I. PERLA BIOLÓGICA-HISTÓRICA INTRODUCTORIA

Definió ULPIANO al "derecho natural" como: "(...) aquél que la naturaleza le enseña a todos los animales, ya que éste derecho no es propio del género humano, sino común a todos los animales que nacen en el cielo, en la tierra y en el mar" (Gayo, I-2 D. I, 1, 3).

Cabe dar la razón, al insigne jurista romano, en que toda norma tiene un presupuesto sobre el que se predica, y que hay "leyes de la naturaleza" que no admiten recurso judicial alguno y acontecen siempre un *prius* ante cualquier conducta humana. En relación con la propiedad y el fenómeno sucesorio (ambos indisolubles ya en nuestra propia Constitución cuando se afirma en su art. 33 que: *"Se reconoce el derecho a la propiedad privada y a la herencia"*) hay unas bases científicas (eminentemente biológicas) que preceden a la discusión jurídica. Nos encontramos ante una suerte de "fenotipo ampliado"[7], dado que los principios de la propiedad se hayan codi-

---

7 Parafraseando a Richard Dawkins, así lo recoge EVANS STAKE, J., "The property "instinct", *Law & the brain,*

ficados en nuestra mente. A modo de propuesta, estas bases son:

En primer lugar, la "territorialidad", popularizada con la obra de ARDREY[8] (así como con los estudios de insignes científicos como el Nobel Konrad LORENZ y su obra *Sobre la agresión*[9]"o Desmond MORRIS y su *Mono desnudo*[10]), quien afirma que «territorio, en sentido ecológico, es el espacio, sea acuático, terrestre o aéreo, que un animal o grupo de animales defiende como reserva primitiva suya. Y se denomina territorialismo la compulsión interna que mueve a los seres animados a poseer y defender tal espacio». Tal noción, efectivamente, no es exclusiva de los hombres ni tan siquiera de los mamíferos (piénsese en las aves, en recientes estudios en torno a la territorialidad en los dinosaurios[11] o, incluso,

---

ZEKI, S., y GOODENOUGH, O. (coord.), Oxford University Press., Nueva York, 2006.

8 ARDREY, R., *The territorial imperative* (trad. de H. Rodríguez Suárez). Barcelona, Hispano Europea, 1970, *apud* NATAL ALVAREZ, D., "El instinto territorial y su orientación", *Estudio agustiniano: Revista del Estudio Teológico Agustiniano de Valladolid,* vol. 18, fasc. 3, 1983, pp. 343-370.

9 LORENZ, K., *Sobre la agresión* (trad. de F. Blanco), Siglo XXI, Madrid, 2015.

10 MORRIS, D., *El mono desnudo* (trad. de J. Ferrer Aleu), Debolsillo, Barcelona, 2003.

11 Muy gráficamente, en los últimos estudios en torno a los anquilosaurios (*Zuul crurivastator*) y el uso de sus

en la propia noción e "instinto" existente entre los peces[12]).

En segundo lugar, lo es la "capacidad de autorreconocimiento", tampoco exclusiva de nuestra especie, y que se basa en el conocido como test del espejo de GORDON GALLUP, que son capaces de superar primates, elefantes y córvidos, entre otras especies (por más que existan autores que hablen que los chimpancés, por ejemplo, poseen "identidad visuoquinestética", que no reconocimiento de uno mismo)[13]. A ello, con escaso margen de duda y estrictamente correlacionado, habría que añadirle la exigencia de "capacidad de empatizar" (DE WAAL[14]).

En tercer, y primordial, lugar, la capacidad para el uso del lenguaje simbólico y la abstrac-

---

mazas, para luchar entre ellos por el territorio y no sólo frente a los depredadores, véase en ARBOUR, V.M., ZANNO, L.E., EVANS, D.C., "Palaeopathological evidence for intraspecific combat in ankylosaurid dinosaurs", *Biol. Lett.18: 20220404, 2022*. Disponible en: https://doi.org/10.1098/rsbl.2022.0404

12 BALCOMBE, J., *El ingenio de los peces* (trad. de G. Deza Guil), Ariel, Barcelona, 2018.

13 MORA TERUEL, F., *El yo clonado y otros ensayos de Neurociencia*, 2 ed., Alianza editorial, Madrid, 2023, pp. 67-80.

14 Entre sus numerosas obras citar, por ejemplo: DE WAAL, F., *El bonobo y los diez mandamientos: en busca de la ética en los primates* (trad. de A. García Leal), Barcelona, Tusquets, 2014.

ción[15], teniendo en cuanta que puede llegar a hablarse, con anterioridad al texto escrito o de la propia costumbre, de una suerte de "derecho mudo" (SACCO[16]).

Y por último lugar, e intrínsecamente unido al punto anterior, estaríamos ante la necesidad de creer en la trascendencia y la preocupación por el más allá (ese "*homo religiosus*") o "ser para la muerte" de HEIDEGGER, que es exclusivo de los homínidos más avanzados (no sólo de nuestra especie, *Homo sapiens sapiens*, sino también del *Homo naledi* o del Neandertal).

Llegados a este punto, no sabemos cuándo exactamente se dio esa primera "necesidad de heredar", pero sí que podemos aproximarnos a los primeros precedentes del instrumento testamentario. Al respecto, es común citar a TÁCITO en su clásica *Germania*[17], considerado el primer estudio etnográfico del que tenemos noticia, cuando habla, refiriéndose a los pueblos germánicos, que *nulla apud eos testamenta*. Si bien la intención del autor, en todo el opúsculo, fue enaltecer la natura-

---

15 WILSON, E.O, *Los orígenes de la creatividad humana* (trad. de J. Ros i Aragonès), Crítica, Barcelona, 2018, p. 117.

16 SACCO, R., *El derecho mudo. Neurociencias, conocimiento tácito y valores compartidos* (trad. de C. E. Moreno More), Comunitas, Lima, 2016.

17 TÁCITO, *Germania* (edición de B. Antón Martínez), Akal, Madrid, 1999.

lidad y pureza (libre y sin perversión, una suerte de antecedente del mito del "buen salvaje"[18]), de las gentes germánicas (no digamos ya el manipulador uso del texto dado por el régimen nacionalsocialista alemán hitleriano[19]), la cita latina no deja de ser una forma de contraponer una institución netamente romana, como es el testamento, a la sucesión propia de los bárbaros.

Los pueblos germánicos, al igual que el resto de civilizaciones anteriores en el tiempo, no conocieron la institución testamentaria tal y como la creó el Derecho Romano clásico (teniendo en la Ley de las XII Tablas su primera manifestación[20]).

Sabido es que, en la antigua Mesopotamia, el Derecho positivo surgió junto a la escritura, sin

---

18 Era común, en la Antigua Roma, enaltecer al enemigo que había sido capaz de vencer a los romanos en alguna batalla (véase la célebre derrota romana en la batalla del Bosque de Teutoburgo a manos de Arminio), así se constata en ALVAR, J. y BLAZQUEZ, J.Mª (eds.), *Héroes y antihéroes en la Antigüedad Clásica*, Cátedra, Madrid, 1997.

19 Sobre el tema, ha tenido cierto renombre la obra: KREBS, C. B., *El libro más peligroso: la Germania, de Tácito, del Imperio Romano al Tercer Reich* (trad. de T. Fernández y B. Eguibar), Crítica, Barcelona, 2011.

20 Hay quien entiende que, en verdad, en las XII Tablas se trataba más de una "adopción hereditaria" que de un testamento netamente, así en GÓMEZ NAVARRO, S., "Testamento y tiempo: historia y derecho en el documento de última voluntad", en *Trocadero: Revista de historia moderna y contemporánea*, n.º 10-11, 1998-1999, pp. 49-72.

embargo, la sucesión testamentaria[21], al modo romano (con cualquier atisbo de libertad de testar), fue desconocida, pues regía la más estricta consanguinidad (principio que seguirían también los derechos egipcio y judío, con ecos en la propia Biblia y la institución del primogénito[22]). Todo ello sin perjuicio, de que el Código de Hammurabi (c. 1692 a.C.) sí regulara una suerte de "mejora" a favor del hijo preferido "agradable a su ojo"[23] (art. 165) o que permitiera, en casos extremos ("*nasaum*": erradicar), la desheredación[24].

---

21 Cabe citar la existencia de "testamentos" asirios, propios de los mercaderes y almacenados en Assur, donde el testador se preocupaba, ante todo, de la protección de su viuda. Ver DE RIDDER, Jacob Jan, "Testaments and Division of Assyrian Estates in the Second Millennium BC", Aula Orientalis 35/1 (2017), pp. 51-84.

22 VOLTERRA, *Diritto romano e diritti orientali,* Napoli, Jovene, 1937 *apud* CASTRO SÁENZ, A. "Sobre la naturaleza testada o intestada de la primitiva sucesión romana", *Fundamentos Romanísticos del Derecho Contemporáneo,* VIII. Derecho de Sucesiones (Vol. I), Murillo Villar, A. y Gil García, M. O. (coord.), Agencia Estatal Boletín Oficial del Estado y Asociación Iberoamericana de Derecho Romano, Madrid, 2021. p. 85.

23 "*aplutum*" se conocía a esta suerte de "mejora" y "*aplum*" la situación de hijo preferido o mejorado. Así en *Códigos legales de tradición babilónica* (edición de SANMARTÍN J.), Edicions de la Universitat de Barcelona y Trotta, Madrid, 1999.

24 KLIMA. J, *Sociedad y cultura en la antigua Mesopotamia* (trad. de M. Moreno), 4ª ed., Akal, Madrid, 1995.

Tampoco cabe considerar como testamento al documento hitita conocido como "Testamento de Hattusili I" (c. 1640–1610 a.C.): único en la literatura cuneiforme y que parece guardar parecido más con algunos textos didácticos egipcios (así, por ejemplo, este documento debía leérsele al hijo del rey hitita cada mes...[25]). Por su parte, CERAM[26] nos describe el documento afirmando que, en él, Hattusili, moribundo, escoge a su nieto Mursil para sucederle, castigando a su sobrino y a su hermana; además de recomendarle que viva siempre en la corte y lleve una vida modesta a base de "pan y agua[27]".

Con todo, un primer precedente de testamento, anterior al Derecho Romano, se ha querido ver en las Leyes de Solón (siglo VI a.C.), si bien, limitado al caso en que el testador no tuviera hijos varones y se hallase en su sano juicio y sin coacción o manipulación alucinógena alguna[28].

---

25 *Historia y leyes de los Hititas, Textos del Imperio Antiguo. El Código.* (edición de BERNABÉ, A. y ÁLVAREZ-PEDROSA, J.A.), Akal, Madrid, 2000.

26 CERAM, C.W. *El misterio de los hititas. El descubrimiento de una antigua civilización.* 1ª ed. (trad. J. Gascón), Destino, Barcelona, 1957, p. 98.

27 CERAM, *op. cit.*, cita en su obra a Margarete Riemschneider, quien llama a este documento «un espejo de príncipes», terminología que recuerda la de "Reloj de Príncipes", de nuestro clásico Antonio de Guevara, p. 100.

28 PALAO HERRERO. J., *El sistema jurídico Ático Clásico*, 1ª ed., Colección: Monografías de Derecho Romano (dir. A. Fernández de Buján), Dykinson, Madrid, 2007, p. 93.

Algunos autores, quizá sosteniendo tesis algo superadas con el tiempo, vieron en la institución del "testamento griego" una medida antieconómica que fomentaba la concentración de la riqueza en pocas manos, llegándose a afirmar, así lo hizo JANNET, que la introducción del testamento en Esparta "fue causa de su miseria[29]".

Con todo, LICURGO defendió los conceptos de familia y de propiedad colectiva. De hecho, ARISTÓTELES veía en la prohibición de disponer del patrimonio, propio de la propiedad familiar, una razón económica tendente a evitar la pobreza de la población y la desproporción de las fortunas.

Ya en el germen de la institución testamentaria surgió, en no poca medida, uno de los binomios clave en toda discusión sucesoria: libertad de testar frente a la institución de las legítimas. Simplemente apuntar, pues no es objeto de análisis en este trabajo[30], que de las fricciones entre la libertad de testar (propiamente romana como

---

29 JANNET, C., *Les institutions sociales et le droit civil à Sparte,* Paris, 1880, p. 132, *apud* GUAGLIANONE, A.H., *Historia y Legislación de la Legítima,* Buenos Aires, 1940.

30 Una visión "divulgativa-periodística" en mi artículo: SERRANO COPETE, J., "Sobre lo eterno y lo actual de las legítimas", publicado en *Crónica Global,* el 11 de junio de 2023. Disponible en: https://cronicaglobal.elespanol.com/pensamiento/20230611/sobre-lo-eterno-actual-de-las-legitimas/768053196_13.html

concepto) y la sucesión propiamente legal (familiar en origen, pues se recordará que en la *sippe* germánica el jefe sólo tenía la *gewere*, perteneciendo la propiedad a la familia), surgió nuestro sistema sucesorio.

Definió ULPIANO al testamento como: "la manifestación de nuestra voluntad, realizada ante testigos y conforme a Derecho, y de manera solemne, para que valga después de nuestra muerte[31]". Siglos después, sostuvo BONFANTE que la visión romana del testamento no era la misma que la actual, ya que tenía como misión, no tanto la transmisión de un patrimonio, como la de transmitir la soberanía sobre la familia, concebida ésta como un organismo político. Una familia que se extingue es un culto que muere afirmó FUSTEL DE COULANGES[32], a finales del siglo XIX.

Criticando tal idea, el romanista Juan MIQUEL GONZÁLEZ[33] ya constató que en el propio Derecho Romano, existieron la institución de los *heredes sui* y la *Querela innofficiosi testamen-*

---

31 ULPIANO, Regulae 20,1: *"Testamentum est mentis nostrae iusta contestatio, in id sollemniter factum, ut post mortem nostram valeat".*

32 FUSTEL DE COULANGES, N.D., *La ciudad antigua* (trad. de J. F. Yvars), Península, Barcelona, 1984.

33 MIQUEL GONZÁLEZ, J, *Derecho Romano,* Marcial Pons, Madrid, 2016. De quien tanto aprendí y quien siempre me consideró, en sus últimos años, como su muy querido discípulo.

ti (muestra de *officium pietatis*, de finales de la República Romana, por la que había de dejarse a sus parientes más próximos, al menos, una cuarta parte), y que la novela 115 de Justiniano I (482–565 d.C.) fundió las limitaciones formales (que habían arrancado de la sucesión de los *sui*), con las de contenido material (propias del régimen de la *querela*). Es por ello que, defender la más absoluta libertad para testar por parte de los romanos es una inexactitud, tal y como ya defendió IHERING.

De hecho, valga el paréntesis, en verdad no existe hoy en día ningún Derecho europeo continental que prescinda de las legítimas, salvo casos específicos como el del Fuero de Ayala, (véase la Sentencia de 19 de abril de 2005 del Tribunal Constitucional alemán [BVG] en la que se invoca el art. 6.1 de la Ley Fundamental de Bonn: "*El matrimonio y la familia se encuentran bajo la protección especial del orden estatal*", y la "solidaridad familiar entre generaciones" para defender su amparo, incluso, constitucional[34]).

---

34 Buena parte de la doctrina actual tiende a ver la necesidad de una amplia reforma del sistema español de legítimas. Una opción a plantearse, afirma VAQUER ALOY, sería establecer una legítima colectiva, al modo de la legítima aragonesa y vizcaína o de la mejora del Cc, de modo que el testador pudiera elegir de entre los legitimarios a quien favorecer.

Por más que hubiere una cierta decadencia en la institución, y un predominio de las máximas germánicas amparadas por la máxima de que "sólo Dios puede hacer herederos", el testamento, incluso patrocinado por la Iglesia y las mandas pías, se consolidaría como la forma más convincente de morir honorablemente; pues, como escribió Gregorio LÓPEZ, en su Glosa a *Las Partidas* de Alfonso X el Sabio[35], el bien espiritual del testador consistía no sólo en que quedara más tranquilo su ánimo después de haber testado, sino que también podía de esta forma dedicarse

---

Por otro lado, con semejanzas en el sistema inglés de la *family provision*, SALVADOR CODERCH, por ejemplo, afirma que una "legitima moderna redimensionada" consistiría en una "legítima alimenticia". Esta idea ha sido recogida en algunos sistemas forales (País Vasco y Aragón). Estas ideas son defendidas por parte de la doctrina (MAGARIÑOS BLANCO, CALATAYUD SIERRA), llegando DE LA ESPERANZA RODRÍGUEZ a postular la supresión de las legítimas, eso sí, combinado con un sistema de alimentos respecto a los hijos o nietos, que, al fallecimiento del testador, estén en situación de pedirlos. En cualquier caso, tal y como precisa VAQUER, la gran cuestión que sigue abierta es la posición del cónyuge. Magníficos y muy ilustrativos al respecto (de donde extraigo las opiniones de los autores antes señalados) son los estudios de VAQUER ALOY, A., "Reflexiones sobre una eventual reforma de la legítima", *InDret, 3/2007*; y VAQUER ALOY, A., "Acerca del fundamento de la legítima", *InDret, 4/2017*.

35 Disponible en: https://digibug.ugr.es/handle/10481/3564

en sus últimos momentos a la preparación espiritual para afrontar el trance[36].

Reconocido y fomentado por la legislación histórica española, no dejó de ser poco excusable, ya se afirmaba en la época (sin tener que acudir al socorrido y actualísimo argumento de la necesaria reforma del arancel), no hacer testamento ante la abundancia de escribanos y su bajo coste de realización.

Sabido es que el testamento abierto notarial es el único por sí mismo con pleno valor sin necesidad de ningún trámite posterior. No obstante, es interesante que analicemos algunos de sus retos más significativos, sea ya con cierto arrastre histórico, o simplemente decantados por la más inmisericorde, y *per se* tecnológica, actualidad.

---

36 Citado en FOS MEDINA, J. B. *El testamento en la historia: aspectos morales y religiosos,* El Derecho: suplemento de filosofía 30. 2015. Disponible en: https://repositorio.uca.edu.ar/handle/123456789/3094

II. EL TESTAMENTO Y LA SUCESIÓN DIGITAL O SOBRE EL LLAMADO "TESTAMENTO DIGITAL"

El ámbito de aplicación material del derecho, parafraseando a la Ciencia, está en continua expansión. Cual si del propio *Big Bang* se tratara, la sociedad del *Big Data* plantea continuos desafíos y retos. Por más que HEIDEGGER afirmara que "el ser para la muerte" constituye un rasgo característico del animal humano en comparación con los animales no humanos, sin embargo, señala acertadamente FERRARIS[37], este "ser" es lo que separa al animal (humano o no) del autómata y, yendo más allá, no debemos obviar que el binomio fundacional (vida-muerte) de todo ser vivo no es equiparable al "apagado-encendido" digital, razón por la cual el trato, dificultad y desafíos de la "huella digital" en el ámbito sucesorio son abrumadores. A día de hoy es una realidad, no sólo filosófica, que la fecha de la muerte real de

---

37 FERRARIS, M., *Metafísica de la web* (trad. de J. Hernández Marcelo y P. Vicente Moraleja) Dykinson, Madrid, 2020.

alguien no coincide con su muerte digital (SISTO[38]).

Salvando lo extremo de la comparación, al igual que es preocupante la "basura" que circula alrededor de nuestro planeta no teniendo ni dueño ni jurisdicción a la que poder reclamar, no deja de ser preocupante la cantidad de información, datos, y en general "activos digitales" que sobreviven a sus creadores sin una titularidad y régimen claros a los que acogerse, llegándose a abrir un campo para la llamada ocupación digital o "ciberocupación"[39], quién sabe si, parafraseando a IHERING[40], despertando la poesía de la ocupación quien había sido destruida por la prosaica y glotona propiedad.

Esta suerte de "*zombies digitales*", en generalizada expresión (no confundir con las personas que padecen de problemas serios de adicción a las redes sociales y resto de nuevas tecnologías), requieren de medidas que eviten su generación y, entre otras cosas, garanticen el "derecho al olvido", también digital.

---

38 SISTO, D., *Posteridades digitales. Inmortalidad, memoria y luto en la era de Internet* (trad. de G. Barpal), Katz, Móstoles (Madrid), 2022.

39 GONZÁLEZ-BUENO CATALÁN DE OCÓN, C., *Marcas notorias y renombradas en la ley y la jurisprudencia,* La Ley, Madrid, 2005.

40 IHERING, R., *Bromas y veras en la ciencia jurídica* (trad. de Banzhaf), T., Civitas, Madrid, 1987, p.123.

II.1. EL DERECHO AL OLVIDO (*"RIGHT TO BE FORGOTTEN"*)

Así pues, uno de los mayores peligros de los tan temidos *"zombis digitales"* es precisamente el peligro de permanecer eternamente en el limbo de lo digital, y por lo tanto, inmortal, y en principio, imperecedero (dejando las cuestiones problemáticas de los cambios y evolución en los formatos al margen). "Dios perdona y olvida, pero Internet jamás lo hace" dijo, en 2010, la Vice-Presidente de la Comisión Europea, y responsable de Justicia, Viviane Reding[41], y de ahí la inexcusable necesidad de defender y regular el "derecho al olvido".

¿Cómo definir el "derecho al olvido"? Cabe conceptuarlo como el instrumento que debe permitir "desindexar" ciertos contenidos mostrados en la red (particularmente por los motores de búsqueda, tales como Google). La Agencia Española de Protección de Datos (AEPD) lo define como "el

---

41 REDING, V., «Why the EU needs new personal data protection rules?», *The European Data protection and Privacy Conference*, Bruselas, 2010. Disponible en: http://europa.eu/rapid/press-release_SPEECH-10-700_en.htm *apud* MARTÍNEZ OTERO, J.M., "El derecho al olvido en internet: debates cerrados y cuestiones abiertas tras la STJUE GOOGLE vs AEPD y MARIO COSTEJA", UNED. *Revista de Derecho Político,* n.º 93, mayo-agosto 2015, pp. 103-142, en concreto, p. 105.

derecho a impedir la difusión de información personal a través de internet cuando su publicación no cumple los requisitos de adecuación y pertinencia previstos en la normativa. En concreto, incluye el derecho a limitar la difusión universal e indiscriminada de datos personales en los buscadores generales cuando la información es obsoleta o ya no tiene relevancia ni interés público, aunque la publicación original sea legítima (en el caso de boletines oficiales o informaciones amparadas por las libertades de expresión o de información)[42]".

Algunos autores sostienen que existen firmes precedentes del "derecho al olvido" antes de la era digital[43], véase la contraposición entre las decisiones adoptadas en EEUU: caso *Melvin v. Reid* de 1931 o el *Briscoe v. Reader´s Digest Assoc* de 1971 (en este último los tribunales dispusieron que un personaje público no se vuelve a convertir en persona privada por el mero transcurso del paso del tiempo) frente a las decisiones adoptadas en la Europa continental, así, por ejemplo, la sentencia del Tribunal de Gran Instancia de Sena, del 4 de octu-

---

42 https://www.aepd.es/areas-de-actuacion/internet-y-redes-sociales/derecho-al-olvido

43 Por todos, MORENO BOBADILLA, A., "Los derechos digitales en Europa tras la entrada en vigor del Reglamento de Protección de Datos Personales: un antes y un después para el derecho al olvido digital", *Estudios Constitucionales*, vol. 18, n.º 2, 2020, pp. 259-276.

bre de 1965 y el reconocimiento del derecho "a la segunda oportunidad" (no confundir con derecho concursal), hablándose del *"droit a l´oublie"*.

En todo caso, los postulados seguidos en el *Civil Law* y en el *Common Law* son muy diferentes. No sólo ya por la fuerza de la Primera Enmienda Constitucional de EEUU (libertad de prensa y de expresión) sino también por la propia configuración del derecho a la privacidad o *"the right to be let alone"*. Al efecto, William L. PROSSER[44], en 1960, basó la privacidad en cuatro zonas distintas de invasión (teoría de los cuatro *"torts"*): 1) intrusión; 2) divulgación pública de hechos privados; 3) publicidad que falsea la imagen de una persona; y 4) la apropiación del hombre o de la imagen de una persona.

Con todo, la regulación de EEUU no es totalmente ajena al *"right to erasure"*, pues existe, desde enero de 2015, la *California Senate Bill 568 2013,* que permite a los menores de 18 años borrar (que no desindexar, sino borrar permanentemente) toda la información subida a las redes sociales. Aunque dentro del *Common Law,* a diferencia de en los EEUU, en Reino Unido sí se ha dado solución al problema del "derecho al

---

44 PROSSER, W, "Privacy", *California Law Review*, 1960, 48 (3), 383-423. *apud* MORENO BOBADILLA, *op. cit.*, p. 262.

olvido" con una regulación paralela, así la *Data Protection Act* de 2018.

En el ámbito europeo continental, el artículo 17 del Reglamento (UE) 2016/679 de 27 de abril de 2016 relativo a la protección de las personas físicas en lo que respecta al tratamiento de datos personales y a la libre circulación de estos datos, y por el que se deroga la Directiva 95/46/CE Reglamento general de protección de datos (RPGD en adelante)], regula el derecho de supresión ("el derecho al olvido") afirmando, en su apartado 1º, que:

> *"El interesado tendrá derecho a obtener sin dilación indebida del responsable del tratamiento la supresión de los datos personales que le conciernan, el cual estará obligado a suprimir sin dilación indebida los datos personales cuando concurra alguna de las circunstancias siguientes:*
>
> *a) los datos personales ya no sean necesarios en relación con los fines para los que fueron recogidos o tratados de otro modo;*
>
> *b) el interesado retire el consentimiento en que se basa el tratamiento de conformidad con el artículo 6, apartado 1, letra a), o el artículo 9, apartado 2, letra a), y este no se base en otro fundamento jurídico;*
>
> *c) el interesado se oponga al tratamiento con arreglo al artículo 21, apartado 1, y no pre-*

valezcan otros motivos legítimos para el tratamiento, o el interesado se oponga al tratamiento con arreglo al artículo 21, apartado 2;

d) los datos personales hayan sido tratados ilícitamente;

e) los datos personales deban suprimirse para el cumplimiento de una obligación legal establecida en el Derecho de la Unión o de los Estados miembros que se aplique al responsable del tratamiento;

f) los datos personales se hayan obtenido en relación con la oferta de servicios de la sociedad de la información mencionados en el artículo 8, apartado 1 (...)".

Por su parte, el artículo 15 de la Ley Orgánica 3/2018, de 5 de diciembre, de Protección de Datos Personales y garantía de los derechos digitales (LOPD en adelante) se remite a este art. 17 hablando de un "derecho de supresión".

Los derechos en conflicto al hablar de "derecho al olvido" digital son: por un lado, los derechos a la libertad de expresión y a la información, y por otro lado, los derechos al honor, la intimidad y la propia imagen[45].

Factores intrínsecos a Internet que dificultan el "derecho al olvido" son la existencia de *web*

45 MARTINEZ OTERO, *op. cit.*, p. 106.

crawlers (o arañas, indexadores automáticos), es decir, un "algoritmo usado para analizar el código de un sitio web en busca de informaciones, para después usarlas y generar *insights* o clasificar los datos encontrados[46]", tanto Google como Yahoo, por poner dos ejemplos, tienen los suyos propios (*bots*).

Desde luego, indirectamente también dificulta la efectividad del "derecho al olvido" la necesidad de realizar copias de seguridad periódicas (*backup*) a la luz del artículo 94 del Real Decreto 1720/2007, de 21 de diciembre, de protección de datos de carácter personal, todo ello en el marco de los procesos sancionadores previos con motivo de los asuntos: *Green Tal S.A., Litomar 29 S.L. y Wolters Kluwe España S.A.*.

Llegados a este punto, el *leading case* en cuanto al "derecho al olvido", sigue siendo la Sentencia C-131/12 del Tribunal de Justicia de la UE dictada en Luxemburgo el 13 de mayo de 2014 en el asunto *Google Spain*, S.L., *Google Inc.* / Agencia Española de Protección de Datos, Mario Costeja González.

Muy brevemente, el supuesto de hecho fue el siguiente: Mario Costeja, ciudadano español,

46 MORAES, D., "Web crawler: descubre qué es y entiende su relación con el Marketing Digital", en https://rockcontent.com/es/blog/web-crawler/

decidió ejercitar su derecho de oposición al tratamiento de datos personales ante Google y La Vanguardia, por razón de un asunto (una subasta de inmuebles originada por un embargo por deudas de la Seguridad Social) que ya había sido solventado y que consideraba que le perjudicaba que continuara siendo accesible en la red[47].

En esta sentencia pionera, si bien basándose aún en la Directiva 95/46/CE y no en el Reglamento (UE) 2016/679 hoy vigente, y siguiendo la postura del propio afectado (Costeja González), así como de los Gobiernos español e italiano, el TJUE rechazó las alegaciones de los motores de búsqueda (Google), quienes sostenían que los responsables de tales contenidos eran los "editores" que publicaban tales datos en sus respectivas páginas web, sobre las que los motores de búsqueda no tenían control alguno.

El TJUE considera que los motores de búsqueda son, evidentemente, intermediarios en la sociedad de la información, y no pueden quedar al margen de la normativa en materia de protección de datos. Como afirma, muy correctamente, VILASAU SOLANA[48], Google es responsable del

---

47 QUINTAS FROUFE, N., "La publicidad como origen de la derrota a Google en el derecho al olvido", *Anagramas*, vol. 13, n.º 25, Julio-Diciembre de 2014, pp. 95-106.

48 VILASAU SOLANA, M., "El caso Google Spain: la afirmación del buscador como responsable del tratamiento

tratamiento, puesto que los buscadores permiten una visualización, inmediatez y ubicuidad de la información que sin estos no sería posible, realizando una actividad que ni es neutra ni se reduce a una mera localización de información.

De hecho, a raíz de esta importante sentencia, Google puso a disposición del público un formulario para ejercer el derecho al olvido[49] (COBACHO LÓPEZ[50]).

Conforme a la Sentencia TJUE de 24 de septiembre de 2019, C-507/17, el "derecho al olvido" no es un derecho absoluto. Debe buscarse un equilibrio y ponderarse los derechos fundamentales de la persona afectada con la naturaleza de la información y el interés público en disponer de la misma, pudiendo variar su interés en función del papel que la persona afectada desempeña en la vida pública[51].

---

y el reconocimiento del derecho al olvido (análisis de la STJUE de 13 de mayo de 2014), *IDP.* Revista de Internet, Derecho y Política. n.º 18, pp. 16-32. UOC. <http://journals.uoc.edu/index.php/idp/article/view/n18-vilasau/n18-vilasau-es>
<http://dx.doi.org/10.7238/idp.v0i18.2371>

49 https://reportcontent.google.com/forms/rtbf

50 COBACHO LÓPEZ, A., "Reflexiones en torno a la última actualización del derecho al olvido digital", *Revista de Derecho Político,* n.º 104, enero-abril 2019, pp. 197-227.

51 VILASAU SOLANA, *op. cit.,* p. 25.

En relación con su ámbito territorial, se establece que, sin perjuicio de que un motor de búsqueda o agregador de contenidos esté ubicado en un estado no miembro, siempre que se actúe a través de un agente en territorio comunitario se estará a la normativa europea porque el tratamiento se efectúa en el marco de las actividades de la filial de Google en España, cuya finalidad es vender espacios publicitarios; siendo el argumento definitivo que la actividad del buscador se dirige a los habitantes de un Estado miembro de la UE[52].

A efectos de lo que nos interesa en esta obra... ¿a quién corresponde el ejercicio del "derecho al olvido" cuando el titular de estos datos personales ha fallecido?

La Ley Orgánica 1/1982, de 5 de mayo, de protección civil del derecho al honor, a la intimidad personal y familiar y a la propia imagen, en su artículo 4 prevé que:

> *"Uno. El ejercicio de las acciones de protección civil del honor, la intimidad o la imagen de una persona fallecida corresponde a quien ésta haya designado a tal efecto en su testamento. La designación puede recaer en una persona jurídica.*

---

52 *Ibid,* p. 18.

> *Dos. No existiendo designación o habiendo fallecido la persona designada, estarán legitimados para recabar la protección el cónyuge, los descendientes, ascendientes y hermanos de la persona afectada que viviesen al tiempo de su fallecimiento (...)".*

Si entendemos que el "derecho al olvido" no deja ser una evolución del derecho al honor, la intimidad o la imagen en el ámbito digital, bien pudiéramos aplicar este artículo. Sin embargo, la LOPD, en una errática redacción, regula tal cuestión dentro de un enunciado, de gran grandilocuencia, en su artículo 96: "*El derecho al testamento digital*".

II.2. EL TESTAMENTO DIGITAL

El apartado VII de la llamada "Carta de Derechos Digitales[53]", publicada en julio de 2021 por el Ministerio de Transformación Digital, dentro del Plan de Recuperación, Transformación y Resiliencia reconoce el "Derecho a la herencia digital", afirmando que:

> *"1. Conforme a la ley que rija la sucesión, se reconoce el derecho a la herencia digital de*

53 Disponible en https://www.lamoncloa.gob.es/presidente/actividades/Documents/2021/140721-Carta_Derechos_Digitales_RedEs.pdf

> *todos los bienes y derechos de los que, en el entorno digital, fuera titular la persona fallecida.*
>
> *2. Corresponde al legislador determinar los bienes y derechos de carácter digital de naturaleza patrimonial transmisibles por herencia y los bienes de la personalidad que pueden ser objeto de defensa, preservación y memoria, así como las personas llamadas, en su caso, a tal función, en defecto de señalamiento por el fallecido.*
>
> *3. Se promoverá que la legislación contemple los supuestos en los que, atendidos los derechos de la persona fallecida o de terceros y en particular la protección de su intimidad y del secreto de sus comunicaciones, proceda la extinción del patrimonio digital o su no accesibilidad fuera de las personas a quienes se distribuyeron o se permitió acceder, en los casos en que aquella no haya dejado manifestación expresa sobre su destino".*

Una idea clave, y que se reiterará, es la necesidad de distinguir entre el "testamento digital", que ahora analizaremos, y el "testamento electrónico", que se verá con posterioridad (con el fin de facilitar su distinción, hay quien prefiere hablar de "testamento con disposiciones relativas a voluntades digitales[54]"). El testamento digital puede

---

54 OTERO CRESPO, M., "El derecho de sucesiones en clave digital: Algunas consideraciones a propósito del `testamento digital´ y de la `herencia digital´ en el ám-

definirse como aquel en el que se dispone del "patrimonio digital"; es decir, aquel documento, impropiamente, o no, según veremos, denominado "testamento" (MORALEJO IMBERNÓN[55]) por el que el "testador" legitima el acceso a sus "contenidos digitales" una vez difunto.

El Código Civil de Cataluña (Ley 10/2017, de 27 de junio, de las voluntades digitales y de modificación de los libros segundo y cuarto del Código civil de Cataluña) prefiere hablar, con mejor técnica, de "voluntades digitales en caso de muerte", dado que no necesariamente deben constar las mismas en testamento. La legislación inspiradora de la catalana, es decir, la Ley francesa n.° 2016-1321 del 7 de octubre de 2016 para una República Digital (*pour une République numérique*) habla de "directrices o instrucciones para el almacenaje, el borrado o la comunicación de sus datos personales para después de su muerte".

Para conceptuar y analizar la figura del "testamento digital" es necesario plantearnos dos cues-

---

bito del derecho común", en *Declaración de voluntad en un entorno virtual*, Aranzadi Thomson Reuters, Cizur Menor (Navarra), 2011.

55 MORALEJO IMBERNÓN, N., "El testamento digital en la nueva Ley Orgánica 3/2018, de 5 de diciembre, de protección de datos personales y garantía de los derechos digitales", *ADC*, tomo LXXIII, 2020, fasc. 1, pp. 241-281.

tiones: en primer lugar, si existe una "identidad digital", y en segundo lugar, si existe un "patrimonio digital".

II.2.1. El problema de la "identidad digital"

Tal y como se va a desarrollar, no hay por el hecho de hablar de medios digitales ni un "patrimonio digital" que *per se* sea diferente del personal ni tampoco una identidad digital distinta de la real. Prescindiendo de toda "dualidad Faustiana" no existe una identidad digital ajena a la personal. El ser humano no cambia de unicidad por el hecho de haber cambiado de tecnología[56]. La identidad digital no es más que la propia manifestación de la personalidad humana individual en el entorno informático, dejando una "huella digital" (huella que no siempre es iniciada por el propio "titular de la identidad", piénsese en las fotos de bebés).

Con todo, es imprescindible analizar las tesis de FERNÁNDEZ BURGUEÑO cuando habla de la identidad digital como el "ser o el pretender ser en

---

56 En parecidos términos CÁMARA LAPUENTE, S., "La sucesión `mortis causa´ en el patrimonio digital", *Anales de la Academia Matritense del Notariado*, tomo 59, 2019. p. 399.

la red[57]", es decir, introduce elementos de complejidad en el concepto debiéndose plantear si existe un "derecho, autónomo, a existir en internet" (con un alcance más amplio que lo que sería la mera proyección digital de los derechos *offline*). Identificable pero no ajeno a la identidad digital, ni tampoco accesorio o prescindible, es lo que el mismo autor denomina "reputación *online* del sujeto", o lo que es lo mismo, la percepción por terceros a través de Internet de las actividades realizadas por las personas en los medios digitales y la expresión de las reacciones que por su causa se generan.

De hecho, es interesante distinguir, tal y como lo hace Jesús LLEONART CASTRO[58], entre lo que es la "identidad digital" y lo que es una "identidad virtual": susceptible de valoración económica propia y que lleva aparejada el acceso a ciertos contenidos, siendo susceptible de transmisión autónoma (ejemplos: el nombre en la red social, posicionamiento en la red…). Siendo preferible utilizar este término, más que hablar de una "patrimonialización" de la identidad digital, que in-

---

57 FERNÁNDEZ BURGUEÑO, P., "Aspectos jurídicos de la identidad digital y la reputación *on line*", *adComunica: revista científica de estrategias, tendencias e innovación en comunicación*, n.º 3, 2012, pp. 125-142.

58 LLEONART CASTRO, J., "Algunas cuestiones prácticas sobre la transmisión *mortis causa* del patrimonio digital", *RJNot*, n.º 116, 2023, pp. 199-236.

sistimos, es un reflejo de la personal, y por ende, intransmisible en sí misma.

La identidad digital, sostienen autores como APOSTOLO[59], puede entenderse en un doble sentido (al igual que ocurre con la identidad personal en sí): 1) "estático": como representación digital de la identidad real (datos e información que identifican al propietario de la misma) y 2) "dinámico-evolutivo": como el derecho a la propia proyección continua y correcta de la propia identidad personal en la red, y que tiene una importancia capital en relación con el derecho al olvido.

Aspecto planteado, aunque puede sonar a día de hoy, aún, a ciencia ficción, es el tema de la "necro-algoritmia" o recreación de una presunta "personalidad individual" vía inteligencia artificial (IA) (TREZZA[60]). En definitiva, una suerte de nigromancia informática que plantea no pocos desafíos morales y de concepto[61]. ¿Cómo casa una eventual recreación informática de una personalidad humana, consentida previamente, con la protección *post-mortem* de los datos personales?

---

59 APOSTOLO, D., "Eredità digitale: inquadramiento generale", *Studio n. 1_2023 DI*, Consiglio Nazionale del Notariato.

60 TREZZA. R, "Necro-robotica e circolazione dei dati personali *post mortem*", 1, *EJPLT*, 2022, pp. 219-236.

61 Véanse las investigaciones de la empresa estadounidense *Neuralink* (propiedad de Elon Musk).

En cualquier caso, esta "identidad digital", que no es distinta de la real, deja un "patrimonio digital", que como enseguida veremos, no está al margen del patrimonio personal.

II.2.2. El patrimonio digital

El artículo 659 del CC español prevé que: "*La herencia comprende todos los bienes, derechos y obligaciones de una persona que no se extingan por su muerte*" (principio de universalidad de la sucesión que también contempla el art. 411-1 del Cc catalán, el 322.1 del Código de Derecho foral aragonés o el art. 17.1 de la Ley de Derecho civil del País Vasco). En definitiva, dentro del patrimonio hereditario tenemos tanto el "patrimonio analógico" como el "digital", sin distinción. Afirma ROSALES DE SALAMANCA que, dado que la herencia comprende todos los bienes, derechos y obligaciones de una persona, es irrelevante que esos bienes sean analógicos o digitales[62].

En ¿qué consiste ese "patrimonio digital" (o "bienes digitales" según la ley francesa y la *Revised Uniform Fiduciary Access to Digital Assets*

62 ROSALES DE SALAMANCA RODRÍGUEZ, F.,"Testamento digital" en R. Olivia León, & S. Valero Barceló, *Testamento ¿Digital? España: Desafíos legales #RetoJCF Juristas con futuro*. 2016. p.29. Disponible en: https://dialnet.unirioja.es/descarga/libro/657167.pdf

Act-RUFADAA)? Poniendo algunos ejemplos, estamos hablando de: perfiles de Twitter, Facebook, LinkedIn, Instagram, TickTock, WhatsApp (que la gente ignora que es una red social en sí, produciéndose alguna que otra anécdota curiosa cuando se autorizan poderes preventivos de gente de avanzada edad, uno cree que no tienen redes sociales, pero manejan Whatsapp), archivos almacenados en DropBox, accesos a Netflix, Spotify, cuentas *on line*, saldos de criptomonedas... etc. Al respecto, el Texto Refundido de la Ley General para la Defensa de Consumidores y Usuarios (TRLGDCU), en su artículo 59 bis 1 d) define a los "contenidos digitales" como: *"los datos producidos y suministrados en formato digital"*.

Como afirma APOSTOLO[63] los "bienes digitales[64] no son otra cosa que bienes muebles (arts. 810 y siguientes del *Codice*) representados en formato binario, es decir, mediante un tipo particular de "lenguaje" (secuencia lógica computacional de 0 y 1 denominada *"bit"* por el inglés

---

63 APOSTOLO, *op. cit.*, p.7.

64 *Cass. pen. Sez. II*, 10.4.2020, n. 11959: *"(...) i dati informatici (files) sono qualificabili cose mobili ai sensi della legge penale e, pertanto, costituisce condotta di appropriazione indebita la sottrazione da un personal computer aziendale, affidato per motivi dì lavoro, dei dati informatici ivi collocati, provvedendo successivamente alla cancellazione dei medesimi dati e alla restituzione del computer formattato."*

"*binary digit*") con el que son creados, procesados, intercambiados y archivados por un ordenador electrónico".

La Carta de la Unesco para la preservación del patrimonio digital[65] (Paris, 28 de marzo de 2003), habla de "productos de origen digital" que no existen en otro formato que no sea electrónico [interpretado *stricto sensu* pudiera plantearse si esta definición excluye al protocolo electrónico notarial (tras la Ley 11/2023 de Digitalización de actuaciones notariales), al ser, en verdad, un único protocolo con doble reflejo en cuanto a soporte: físico (papel) y electrónico].

Tales objetos digitales, prosigue la carta (en su art. 1º) pueden ser *"textos, bases de datos, imágenes fijas o en movimiento, grabaciones sonoras, material gráfico, programas informáticos o páginas Web, entre otros muchos formatos posibles dentro de un vasto repertorio de diversidad creciente. A menudo son efímeros, y su conservación requiere un trabajo específico en este sentido en los procesos de producción, mantenimiento y gestión".*

De forma muy sistemática, NAVAS NAVARRO[66] distingue, en esencia, cuatro catego-

---

65 Disponible en: https://unesdoc.unesco.org/ark:/48223/pf0000229034_spa

66 NAVAS NAVARRO, S., "Herencia y protección de datos de personas fallecidas. A propósito del mal denomina-

rías de "bienes digitales": 1) los bienes digitales "personales" (los almacenados en el ordenador personal, smartphone o demás dispositivos electrónicos que pueden incluir fotografías, vídeos, documentos...); 2) los bienes digitales "sociales" (es decir, los comentarios, opiniones... en las redes tales como Facebook o Twitter); 3) los bienes digitales "financieros" (ej: los bitcoins) y 4) los bienes digitales "empresariales", tales como facturas electrónicas, listas de direcciones electrónicas, cuentas de clientes etc.).

Si bien más centrado en el contexto de la *Uniform Fiduciary to Digital Assets Act* de EEUU, RODRÍGUEZ PRIETO y MARTINEZ CABEZUDO[67] distinguen: 1) los que "confieren acceso a la información" (números de cuenta, información de registro en páginas, por ejemplo); 2) los bienes digitales "tangibles" (no refiriéndose a una tangibilidad física sino a los archivos informáticos tales como fotos o documentos de texto); 3) los bienes digitales "intangibles" (la información posteada en los perfiles de usuario de redes so-

---

do `testamento digital´", *Revista de Derecho Privado*, n.º 1, 2020. pp. 63-64.

67 RODRÍGUEZ PRIETO, R. y MARTINEZ CABEZUDO, F., "Herencia digital, términos y condiciones de uso y problemas derivados de la praxis social. Un análisis desde la filosofía del derecho", *Revista Internacional de Pensamiento Político*-I Época, vol. 12, 2017, pp. 77-104.

ciales o comentarios a sus publicaciones...); 4) los "metadatos", es decir, los datos almacenados electrónicamente dentro de un documento o web que contienen información sobre el historial de acceso, localización... etc. Un caso muy visual donde ello sería importante, y que será especialmente recognoscible para los de mi generación y posteriores, es plantearse qué sucede con las cuentas de juego como World of Warcraft (que tienen valor monetario, al haberse pagado por su disfrute).

II.2.2.1. Naturaleza y especificidad del "patrimonio digital"

De forma equivalente a lo que acaece con la personalidad es discutible si este "patrimonio digital" es en sí un patrimonio distinto del personal. Personalmente me parecería osado sostener una tesis, en cierto modo "pandectista", de considerar al "patrimonio digital" como un "patrimonio destinado a un fin", siendo este "fin" actuar en los medios digitales. En definitiva, los "bienes digitales" se integran en el patrimonio personal del sujeto pues solo la ley puede crear patrimonios separados, es decir, una masa patrimonial atribuida a quien ya es titular de un patrimonio personal, del que el derecho objetivo lo separa por alguna razón de carácter excepcional. En palabras de

GONZÁLEZ GRANADO[68], la equiparación entre relaciones jurídicas "analógicas" y "digitales" es absoluta cuando se trata de relaciones de contenido patrimonial.

Con todo, como especialidad "de los bienes digitales", sí que es verdad que en relación con ellos casa más el concepto "mercantilista" de "puesta a disposición" que el de "entrega" romano de este tipo de bienes, así la Directiva (UE) 2019/770 relativa a determinados aspectos de los contratos de suministro de contenidos y servicios digitales.

Este patrimonio digital susceptible de sucesión debe centrarse en los "activos digitales", *digital assets* según la doctrina anglosajona[69], (prefiriéndose a la denominación, vaga, de "contenidos digitales"), debiéndose hablar, ante todo, de los datos no personales con valor económico. Desde

---

68 GONZÁLEZ GRANADO, J., "Sólo se muere una vez: ¿Herencia digital?", en R. Olivia León, & S. Valero Barceló, *Testamento ¿Digital? España: Desafíos legales #RetoJCF Juristas con futuro*, 2016.

69 Así, por ejemplo, la "*Uniform Access to Digital Assets by Fiduciaries Act*" de Canadá, preparada por la "*Uniform Law Conference*", viene a conceptuar a los "*digital assets*" como "*a record that is created, recorded, transmitted or stored in digital or other intangible form by electronic, magnetic or optical means or by any other similar means*", en *Taxonomy of legal issues related to the digital economy*, de la UNCITRAL (2023).

luego, *tokens*, saldos bancarios *online* (PayPal por ejemplo) formarán parte de la herencia en cualquier caso.

Tal y como distingue, tan sutil como acertadamente, MERCHAN MURILLO[70], no debemos confundir la "cuenta digital" (que puede ser intransferible según los términos del servicio) de los datos, el contenido, que pertenecen al patrimonio del difunto.

De hecho, como precisa GONZÁLEZ HERNÁNDEZ[71], tampoco debemos confundir aquellos bienes patrimoniales sobre los que se ha adquirido un derecho de propiedad, de aquellos sobre los cuales sólo se tiene una "licencia de uso" (en cuyo caso deberá estarse a las condiciones pactadas).

Acerca de la intransmisibilidad de una cuenta digital, fue mediático, en Italia, el caso de Luca Borgoni[72], un joven de veintidós años que murió

---

70 MERCHÁN MURILLO, A., "La sucesión digital internacional y el Reglamento sucesorio Europeo 650/2012", *Anuario de Derecho Internacional Privado, t.* XXI, 2021, pp. 327-357.

71 GONZÁLEZ HERNÁNDEZ, R., "La disposición sucesoria del patrimonio digital" en *Condiciones y negocios jurídicos mortis causa*, Cañizares Laso A. (dir.), Diéguez Oliva, R. (coord.), Tirant lo Blanch, Valencia, 2023.

72 ROCCI, C., "Un anno fa il figlio morì sul Cervino, oggi la mamma è tornata dove è caduto per ricordarlo" publicado en *La Repubblica*, 8 de julio de 2018. https://torino.repubblica.it/cronaca/2018/07/08/news/

en un accidente de montaña, su madre descubrió su usuario y contraseña de Facebook y se dedicó a hacer publicaciones como si su hijo permaneciera vivo. La madre alegó que, si se podía heredar una casa o una cuenta bancaria, también podría heredarse una cuenta de Facebook. Por su parte, Facebook hizo conmemorativa la cuenta en cuanto se enteró.

Caso similar se produjo en EEUU con Louise Palmer, quien accedía a la cuenta de su hija Becky, muerta a los diecinueve años por tumor cerebral, cuando Facebook convirtió en conmemorativa la cuenta privando a su madre del acceso a los mensajes privados, con cuya lectura se consolaba[73].

En relación con las cuentas digitales (en particular de redes sociales) y su onerosidad, es perfectamente posible en la práctica, y lo hacemos constantemente (conscientes o no) en relación con nuestras redes sociales, la cesión de datos personales con su correspondiente monetización; piénsese al respecto el caso de la cesión de datos a Meta (Facebook e Instagram). Para adaptarse a la normativa europea aplicable, es decir, la Directiva 2019/770, de 20 de mayo de 2019,

---

un_anno_fa_il_figlio_mori_sul_cervino_oggi_la_mamma_e_tornata_sul_cervino-201212143/

73 SISTO (2022), *op. cit.*, pp. 129-130.

sobre contratos de suministro de bienes y servicios digitales y el Reglamento 2016/679 (UE) de 27 de abril, Meta debe exigir un "consentimiento expreso" para que pueda tener lugar una cesión de datos a efectos publicitarios.

Tal y como expone SANZ DE GALDEANO[74], este consentimiento debe ser "libre" (planteándose una alternativa real: precio y no penalización), "informado" y tener en consideración que a los menores se les debe exigir una edad y capacidad mínima. En definitiva, es perfectamente posible considerar el acto de ceder datos personales (con su evidente utilidad a efectos de personalización de publicidad) como algo evaluable económicamente.

II.2.2.2. Tenías un email…

La citada distinción entre "cuenta" y "contenido" encuentra un punto álgido en la "sucesión en los emails".

Si bien en relación con la extracción de SMS de un teléfono móvil (y no refiriéndose a emails) la Sentencia del Tribunal Supremo (Sala de lo Pe-

74 SANZ DE GALDEANO, M., "La controversia sobre la monetización de la cesión de los datos personales: El caso de Meta", publicado en *Diario La Ley, N° 78, Sección Ciberderecho,* 28 de noviembre de 2023.

nal, Sección 1.ª), 850/2014, de 26 de noviembre [ROJ: STS 5174/2014] plantea un supuesto a considerar en el que entran en conflicto el derecho fundamental al secreto de las comunicaciones (plasmación de la dignidad de la persona y el libre desarrollo de la personalidad[75]) y el esclarecimiento de actividades delictuales (dado que se trata de un caso en el que una menor se suicidó y los padres querían averiguar quién le indujo a prostituirse a cambio de estupefacientes).

Para este caso particular, nuestro TS consideró que tales SMS «una vez fallecida no son inmunes al acceso por parte de sus herederos legítimos, que conforme a lo dispuesto en el artículo 661 del Código Civil suceden al fallecido, por el solo hecho de su muerte, en todos sus derechos y obligaciones. Incluso en aquellos derechos personalísimos, que no se transmiten a los herederos, éstos sí suceden al fallecido en el ejercicio de las acciones para su defensa (derecho moral de autor, protección civil del honor, intimidad, imagen, etc.), lo que les faculta para acceder de

75 Véanse las STC 281/2006, de 9 de octubre, y STS 766/2008, de 27 de noviembre *apud* GONZÁLEZ MONJE, A. "Sentencia del Tribunal Supremo (Sala de lo Penal, Sección 1.ª), 850/2014, de 26 de noviembre [ROJ: STS 5174/2014]", *AIS: Ars Iuris Salmanticensis*, *3*(1), 2015, 358–360. Recuperado a partir de https://revistas.usal.es/cuatro/index.php/ais/article/view/13953

forma proporcionada a la documentación de sus comunicaciones (correspondencia, correos electrónicos o telemáticos, conversaciones grabadas, etc.) en la medida en que sean necesarios para la defensa de sus intereses, incluido obviamente, para ejercitar las acciones procedentes para la reparación de los daños causados al fallecido, tanto en el ámbito civil como en el penal. En consecuencia, no concurre vulneración alguna del derecho a la intimidad, tanto de la menor (ya fallecida) como del recurrente, por el hecho de que los sucesores legítimos de la joven accediesen a su documentación privada para conocer a los responsables de haberle proporcionado las drogas que acabaron ocasionando su muerte, y en su caso para promover el castigo de los responsables. Desde la perspectiva del derecho a la intimidad, no constituye una injerencia inconstitucional el acceso proporcional de los padres de la menor fallecida, en su condición de sucesores legítimos en todos sus bienes, derechos y obligaciones, a sus documentos privados. Y desde la perspectiva del derecho al secreto de las comunicaciones del recurrente, es sabido que el artículo18 CE no garantiza el secreto de los pensamientos que una persona ha transmitido a otra, por lo que el receptor es libre de transmitir estas comunicaciones a terceros. Y en consecuencia, los sucesores legítimos del receptor, titulares de todos sus derechos y obligaciones, pueden asimismo acceder y hacer un uso legítimo y proporcionado de dichas comunicaciones, sin por ello vulnerar ningún precepto constitucional» (STS (1ª) 26 noviembre 2014). ¿Es extrapolable lo expuesto a los emails?

Al respecto, CÁMARA LAPUENTE tiene dudas sobre si es un patrimonio digital heredable en sí, al estar ligado a la identidad personal y merecer tutela y no transmisión y acceso indiscriminado[76]. Cabe citar el artículo 197.1 del Código Penal cuando castiga "el que, para descubrir los secretos o vulnerar la intimidad de otro, sin su consentimiento, se apodere de sus papeles, cartas, mensajes de correo electrónico (...)". Considera el autor que las personas citadas por el artículo 96 LOPD sólo debieran poder solicitar la cancelación de la cuenta (pues lo contrario supondría un grave atentado a la intimidad; e implicaría suplantación de personalidad si se enviasen correos desde esa cuenta).

El artículo 38.1 del Real Decreto 1829/1999, de 3 de diciembre, por el que se aprueba el Reglamento por el que se regula la prestación de los servicios postales, en desarrollo de lo establecido en la Ley 24/1998, de 13 de julio, del Servicio Postal Universal y de Liberalización de los Servicios Postales prevé:

---

76 CÁMARA LAPUENTE (2019), *op. cit.*, pp. 404-405.

> *"Los envíos postales dirigidos a personas fallecidas serán entregados a sus herederos o a aquellos que tengan la administración de la herencia, justificada su cualidad de tales, salvo los que tengan la naturaleza de carta, en cuyo caso quedarán depositados en la oficina de destino. Desde esta oficina, si es posible, se enviará consulta al remitente para que éste autorice su entrega a los herederos u opte por su recuperación".*

La clave de bóveda de toda discusión al respecto es discernir si es aplicable tal norma a los emails o si, por el contrario, nos encontramos ante una cuestión que debe resolverse conforme a la normativa de protección de datos, artículo 3 LOPD[77]. La doctrina más autorizada opta por esto último (por más que el art. 3 LOPD permite a un amplísimo elenco de personas acceder a los datos del difunto salvo que éste o la ley lo hubiera prohibido). Por su parte, CÁMARA LAPUENTE considera que "proteger la memoria del difunto es distinto de adentrarse en la materia e intimidad del difunto", y ello no ha sido, precisamente, una cuestión poco discutida a la luz, por ejemplo, de la RUFADAA, como veremos.

---

77 PÉREZ VALLEJO, A.M y VIVAS TESON, I., *La transmisión mortis causa del patrimonio intelectual y digital*, Aranzadi, Cizur Menor (Navarra), 2022, pp. 229-232.

II.2.2.3. La cuestión de las "criptodivisas"

Ni que sea por su flagrante actualidad y popularidad, debemos discutir si, efectivamente, forman parte del patrimonio digital las conocidas como "criptodivisas" (piénsese en las Bitcoin, Ethereum, Xrp, Litecoin...). Con origen en un artículo doctrinal de Satoshi Nakamoto titulado *"Bitcoin: A Peer-to-Peer Electronic Cash System"*, el autor propone la creación de una red descentralizada (*peer to peer*) de dinero electrónico que permita a los usuarios realizar pagos telemáticos sin intermediarios[78].

Todo ello utilizando una cadena continua de *"proof of work"* basada en *hashes*. Como exponen MONTEAGUDO y GARCÍA, la denominación criptodivisa o criptomoneda hace referencia a dos de sus principales características: 1) la encriptación de la información (vía *hashes*[79] en

78 MONTEAGUDO, M., y GARCÍA, F.J., "La primera sentencia sobre bitcoins de nuestro Alto Tribunal: comentario a la Sentencia del Tribunal Supremo (Sala de lo Penal, Sección 1.ª) número 326/2019, de 20 de junio", *Actualidad Jurídica Uría Menéndez*, 52, 2019, pp. 128-135.

79 *"Hash"* puede definirse como un algoritmo matemático que, al aplicarse sobre un archivo, da como resultado una determinada secuencia de aproximadamente unos treinta caracteres de letras y números, así en GARCÍA MAS, F.J., *Firma electrónica, contratos electrónicos y otras cuestiones*, Cuniep, Córdoba, 2022, p. 82.

el *blockchain*[80]) y 2) su vocación de ser utilizada como medio de pago electrónico o divisa electrónica, estando sujeta a cotización.

La Sentencia del Tribunal Supremo (Sala de lo Penal, Sección 1ª) número 326/2019, de 20 de junio (Ponente: Pablo Llarena) considera que los bitcoins no pueden considerarse un objeto material o dinero, sino que son un activo inmaterial. Aunque el Tribunal de Justicia de la Unión Europea en su Sentencia en el asunto C-264/14 Skatteverket/David Hedqvist, equipara el bitcoin a cualquier otra divisa oficial, la consulta del ICAC rmr/38-14 afirma que

---

80 De hecho, ya no sólo se habla de "criptomonedas" sino que cada vez más nos encontramos ante procesos de "tokenización" que nos llevan, incluso, a plantearnos la posibilidad del uso de la "*blockchain*" y los "tokens" en las transmisiones inmobiliarias. GARCÍA-TERUEL R.M., "Legal challenges and opportunities of blockchain technology in the real estate sector". *Journal of Property, Planning and Environmental Law. Special Issue: Blockchain and PropTech opportunities and challenges for land registration and land uses*. 2020. DOI: 10.1108/JPPEL-07-2019-0039 o, de la misma autora, "Introducción al fenómeno de la `tokenización´. Estudio de casos", *La tokenización de bienes en blockchain: Cuestiones civiles y tributarias*, R.M. García Teruel (coord.), Aranzadi, Cizur-Menor (Navarra), 2020, pp. 29-60. Véase también, VV. AA., *La tokenització de drets reals en la regulació del llibre cinquè del Codi civil de Catalunya*, CEJFE, 2020. Disponible en: https://cejfe.gencat.cat/web/.content/home/recerca/cataleg/crono/2020/tokenitzacio_CA.pdf

el Plan General Contable define las inmovilizaciones intangibles como activos no monetarios sin apariencia física susceptibles de valoración económica, siendo uno de los elementos esenciales su identificabilidad, concluyendo que los bitcoins o criptomonedas pueden claramente ser considerados como activos intangibles, y, por lo tanto, susceptibles de aportación no dineraria al capital social[81].

Así pues, es ¿es posible heredar criptomonedas? La respuesta es sí, pues forman del patrimonio, aunque éste sea digital. En este caso en particular, como expone MARTÍNEZ DEL MORAL[82], quizá convenga no sólo hacer mención de las criptomonedas en el testamento, sino indicar la clave secreta de las mismas, por ejemplo, en un acta notarial, si necesidad de tener que acudir a terceros ajenos al fedatario (tales como empresas especializadas). En cualquier caso, para garantizar la integridad de los fondos, se sugiere que el texto del testamento indique únicamente la clave pública y que la clave privada se conserve por separado[83]).

---

81 SÁNCHEZ, B., "La aportación de criptomonedas al capital social", *Legal Today*, 9 de octubre de 2017.

82 MARTÍNEZ DEL MORAL, F.J., "¿Se pueden heredar las criptomonedas?, publicado en notariosenred, el 30 de junio de 2022. Disponible en: https://www.notariosenred.com/2022/06/se-pueden-heredar-las-criptomonedas/

83 OMELCHUK, O., ILIOPOL, I. y SNIZHANNA, A., "Features of Inheritance of Cryptocurrency Assets", *Ius Hu-*

En la práctica, el valor que debe tomarse a efectos hereditarios y fiscales es el que tuviera la criptomoneda al tiempo de hacer la partición.

II.2.3. La sucesión digital ¿ordinaria o anómala?

Llegados a este punto, es esencial plantearnos si la "sucesión digital" es una sucesión "anómala" frente a la ordinaria. SERRANO DE NICOLÁS[84] conceptúa a la sucesión anómala (denominación preferible a la de especial o excepcional aclara[85]) respecto de la sucesión ordinaria o codificada, al no compartir con esta ningún presupuesto, pues ni siquiera la muerte actúa como fundamento, lo que hay es una adquisición de unos bienes o derechos que, rompiendo el principio de unidad de la sucesión, se transmiten con ocasión de la

---

mani. Revista de Derecho. vol. 10 (I), 2021, pp. 103-122. Disponible en: http://iushumani.org/index.php/iushumani/article/view/233

84 SERRANO DE NICOLÁS, A., "Planificación sucesoria: el testamento en la sucesión anómala y las transmisiones `parasucesorias´, en Garrido Melero, M. y Fugardo Estivill, JM. (coord.), *Conflictos en torno a los patrimonios personales y empresariales,* Bosch, Barcelona, 2010, pp. 19-20.

85 Al respecto también, ZOPPINI, A., "Le successioni nel diritto comparato (note introduttive)", en ALPA, G. *et alii, Diritto privato comparato. Instituti e problemi*¸ Laterza, Roma-Bari, 2008, pp. 381 ss.

muerte del que era su titular, pero bajo criterios distintos de los que sigue la sucesión ordinaria, sea en la integración de los bienes en la masa hereditaria (ejemplo: el capital de un seguro de vida), sea en las personas que pueden adquirirlos y cualidades personales o patrimoniales de las mismas, o sea en la forma de designación del adquirente, etc.

En relación con los objetos digitales es evidente que hay especialidades concernientes a los mismos y que en no pocas ocasiones desplazan a la más rígida institución dominical romana (el concepto de "unicidad" pandectista) aderezando a los bienes electrónicos de un carácter con tintes similares a los *property rights* anglosajones, entendidos éstos como cualquier conjunto de utilidades que pueda ser objeto de titularidad exclusiva, siendo el único elemento relevante el disfrute exclusivo (GAMBARO[86]), pero todo ello no motiva, según se acaba de ver, que se pueda hablar de un patrimonio separado o afecto a un fin, y mucho menos, que éste se rija por reglas distintas, en general, de las genéricas sucesorias, pese a las especialidades vistas (y que veremos) en relación con las especi-

86 GAMBARO, A., "Dalla new Property alle new Properties", en *Scienza e insegnamento del diritto civile in Italia* – Congreso de estudio en honor al Prof. Angelo Falzea, coord. V. Scalisi, Giuffré, Milán, 2004, pp. 675–690.

ficidades del objeto. La especificidad en cuanto a las formas, dentro del marco testamentario como veremos, tampoco es tal como para poder considerarse una sucesión anómala. Pasemos, precisamente, a analizar las mismas.

II.2.4. La regulación del testamento digital

El Reglamento General de Protección de Datos (UE) 2016/679 de 27 de abril de 2016 establece en su Considerando 27 que: *"El presente Reglamento no se aplica a la protección de datos personales de personas fallecidas"*, precisando que *"Los Estados miembros son competentes para establecer normas relativas al tratamiento de los datos personales de estas"*.

II.2.4.1. La regulación catalana de las "voluntades digitales"

En lo que a España se refiere es fundamental e innovadora la regulación contenida en el Código Civil de Cataluña (a raíz de la Ley catalana 10/2017, de 27 de junio, de voluntades digitales y de modificación de los libros segundo y cuarto del Código Civil de Cataluña). El artículo 411-10 del Código Civil catalán en relación con las "Voluntades digitales en caso de muerte" prevé:

"1. Se entiende por voluntades digitales en caso de muerte las disposiciones establecidas por una persona para que, después de su muerte, el heredero o el albacea universal, en su caso, o la persona designada para ejecutarlas actúe ante los prestadores de servicios digitales con quienes el causante tenga cuentas activas.

2. El causante, en las voluntades digitales en caso de muerte, puede disponer el contenido y el alcance concreto del encargo que debe ejecutarse, incluyendo que la persona designada lleve a cabo alguna o algunas de las siguientes actuaciones:

a) Comunicar a los prestadores de servicios digitales su defunción.

b) Solicitar a los prestadores de servicios digitales que se cancelen sus cuentas activas.

c) Solicitar a los prestadores de servicios digitales que ejecuten las cláusulas contractuales o que se activen las políticas establecidas para los casos de defunción de los titulares de cuentas activas y, si procede, que le entreguen una copia de los archivos digitales que estén en sus servidores.

3. Las voluntades digitales pueden ordenarse por medio de los siguientes instrumentos:

a) Testamento, codicilo o memorias testamentarias.

b) (Anulada).

4. El documento de voluntades digitales se puede modificar y revocar en cualquier mo-

mento y no produce efectos si existen disposiciones de última voluntad.

5. Si el causante no ha expresado sus voluntades digitales, el heredero o el albacea universal, en su caso, puede ejecutar las actuaciones de las letras a, b y c del apartado 2 de acuerdo con los contratos que el causante haya suscrito con los prestadores de servicios digitales o de acuerdo con las políticas que estos prestadores tengan en vigor.

6. Si el causante no lo ha establecido de otro modo en sus voluntades digitales, la persona a quien corresponde ejecutarlas no puede tener acceso a los contenidos de sus cuentas y archivos digitales, salvo que obtenga la correspondiente autorización judicial.

7. Si el causante no lo ha establecido de otro modo, los gastos originados por la ejecución de las voluntades digitales corren a cargo del activo hereditario".

Tal redacción es la resultante tras la Sentencia del Tribunal Constitucional de 17 de enero de 2019, que declaró la inconstitucionalidad del Registro administrativo de voluntades digitales, por considerar que el mismo no era un "mero instrumento registral de carácter administrativo, ligado a la competencia sustantiva en materia de derecho civil que la Comunidad Autónoma tiene estatutariamente asumida (art. 129 EAC), para facilitar el conocimiento de las voluntades digitales.

Se trata, por el contrario, de un registro público de derecho privado, en el que han de inscribirse para su validez los documentos de voluntades digitales, en defecto de disposiciones de última voluntad" sino que "la normativa impugnada excede de la competencia meramente ejecutiva que la Comunidad Autónoma ostenta (art. 147 EAC) en relación con los registros públicos de derecho privado a que se refiere el artículo 149.1.8 CE; su ordenación es competencia exclusiva del Estado".

Ello no obstó para que la magistrada Encarnación Roca Trías hiciera un voto particular, por el cual alegó que "el hecho de que la eficacia de las voluntades digitales se produzca después de la muerte de la persona y que a tales disposiciones se les denomine de manera semejante a las testamentarias no significa que tengan tal naturaleza testamentaria, ni que deban custodiarse en un registro civil de los que contempla el artículo 149.1.8 de la Constitución".

En cualquier caso, el precedente para la regulación catalana ha sido la Ley francesa nº 2016-1321 de 7 de octubre por una República Digital, y concretamente su artículo 63 que permite que las personas dispongan unas directrices o instrucciones para su "herencia digital" (almacenaje, borrado, comunicación de sus datos personales para después de su muerte). Estas directrices podrán designar a una persona e inscribirse en un

Registro único, y, en su defecto, por no ser nombrada o por premoriencia, los encargados serán los herederos quienes tendrán derecho a conocer las directrices y solicitar su implementación a los responsables de los ficheros correspondientes. (SOLÉ RESINA[87]). La ley francesa, en todo caso, manifiesta que los derechos del usuario en ningún caso podrán quedar limitados por una cláusula contractual, pues en su caso conllevará la nulidad de ésta.

La regulación catalana está acertada en su redacción, tanto en relación con las personas como en relación con los títulos. En relación con las personas habla de heredero, albacea o persona designada. Omite, quizá por evitar terminologías jurídicas no consolidadas, el término "albacea digital", lo que vendría a ser un albacea particular (art. 429-12 CcCat), con el propósito de cumplir las voluntades digitales manifestadas por el interesado.

Dentro del término "persona designada" podría caber no sólo este albacea (*marmessor*) particular, sino también el propio heredero de confianza (arts 424-11 y siguientes), quien además podrán mantener en secreto la confianza/

---

87 SOLÉ RESINA, J., "Las voluntades digitales: marco normativo actual", *Anuario de Derecho Civil*, vol. 71, n.º 2, 2018, pp. 421-433.

instrucciones (lo cual tendría unas consecuencias manifiestamente adecuadas para preservar la confidencialidad de las contraseñas de acceso, por ejemplo, a los diferentes prestadores de servicios digitales), de hecho, así lo sostienen varios autores (CÁMARA LAPUENTE[88]) como luego veremos. En cualquier caso, ni que sea por las diferencias estructurales y de concepto entre los diferentes sistemas legislativos (*Common* y *Civil Law*), este "albacea digital" o heredero de confianza no equivaldría plenamente al *fiduciary* anglosajón (nombrable, incluso, en "poder").

II.2.4.2. El mal llamado "testamento digital" de la LOPD

A nivel estatal debemos estar al artículo 3 de la Ley Orgánica 3/2018, de 5 de diciembre, de Protección de Datos Personales y garantía de los derechos digitales (LOPD)[89], que regula un de-

---

88 CÁMARA LAPUENTE (2019), *op. cit.*, p. 415.

89 Jocosamente llamada de "desprotección de datos" por GINEBRA MOLINS, M. E., "La (des)protección de los datos personales de las personas fallecidas" en *Cuestiones clásicas y actuales del Derecho de daños: estudios en homenaje al profesor Dr. Roca Guillamón,* vol. 2, Aranzadi Thomson Reuters, Cizur Menor (Navarra), 2021, pp. 1111-1134. COBAS COBIELLA, M.E., "Aspectos sustantivos del derecho hereditario" en *Derecho de Sucesiones,* Alventosa del Río, J. y Cobas Cobiella,

recho de acceso, y en su caso, de rectificación o supresión de datos de las personas fallecidas[90] cuando afirma:

> *"1. Las personas vinculadas al fallecido por razones familiares o de hecho así como sus herederos podrán dirigirse al responsable o encargado del tratamiento al objeto de solicitar el acceso a los datos personales de aquella y, en su caso, su rectificación o supresión.*
>
> *Como excepción, las personas a las que se refiere el párrafo anterior no podrán acceder a los datos del causante, ni solicitar su rectificación o supresión, cuando la persona fallecida lo hubiese prohibido expresamente o así lo establezca una ley. Dicha prohibición no afectará al derecho de los herederos a acceder a los datos de carácter patrimonial del causante[91].*

M.E. (dir.), Tirant lo Blanch, Valencia, 2023. p. 462, habla, de forma tan contundente como acertada, de que el legislador ha cometido una manifiesta deslealtad hacia el Código Civil en esta materia, siendo un despropósito normativo la regulación de la LOPD.

90 OTERO CRESPO, M., "La sucesión en los `bienes digitales´. La respuesta plurilegislativa española", *Revista de Derecho Civil,* vol. VI, núm. 4 (octubre-diciembre, 2019), pp. 89-133. Disponible en: https://www.nreg.es/ojs/index.php/RDC/article/view/477

91 Sin embargo, tal prohibición no podría impedir el acceso de los herederos a aquellos «datos de carácter patrimonial» del causante, que fueran necesarios para llevar a cabo las operaciones particionales de la herencia (v.

2. Las personas o instituciones a las que el fallecido hubiese designado expresamente para ello podrán también solicitar, con arreglo a las instrucciones recibidas, el acceso a los datos personales de este y, en su caso su rectificación o supresión.

Mediante real decreto se establecerán los requisitos y condiciones para acreditar la validez y vigencia de estos mandatos e instrucciones y, en su caso, el registro de los mismos.

3. En caso de fallecimiento de menores, estas facultades podrán ejercerse también por sus representantes legales o, en el marco de sus competencias, por el Ministerio Fiscal, que podrá actuar de oficio o a instancia de cualquier persona física o jurídica interesada.

En caso de fallecimiento de personas con discapacidad, estas facultades también podrán ejercerse, además de por quienes señala el párrafo anterior, por quienes hubiesen sido designados para el ejercicio de funciones de apoyo, si tales facultades se entendieran comprendidas en las medidas de apoyo prestadas por el designado".

---

gr., IBAN o claves de acceso a las cuentas bancarias), tal y como recoge MORALEJO IMBERNÓN, *op. cit.*, pp. 245-246.

Pero sobre todo debemos estar, muy especialmente, al artículo 96 de la LOPD regulador del "derecho al testamento digital":

"1. El acceso a contenidos gestionados por prestadores de servicios de la sociedad de la información sobre personas fallecidas se regirá por las siguientes reglas:

a) Las personas vinculadas al fallecido por razones familiares o de hecho, así como sus herederos podrán dirigirse a los prestadores de servicios de la sociedad de la información al objeto de acceder a dichos contenidos e impartirles las instrucciones que estimen oportunas sobre su utilización, destino o supresión.

Como excepción, las personas mencionadas no podrán acceder a los contenidos del causante, ni solicitar su modificación o eliminación, cuando la persona fallecida lo hubiese prohibido expresamente o así lo establezca una ley. Dicha prohibición no afectará al derecho de los herederos a acceder a los contenidos que pudiesen formar parte del caudal relicto.

b) El albacea testamentario así como aquella persona o institución a la que el fallecido hubiese designado expresamente para ello también podrá solicitar, con arreglo a las instrucciones recibidas, el acceso a los contenidos con vistas a dar cumplimiento a tales instrucciones.

c) En caso de personas fallecidas menores de edad, estas facultades podrán ejercerse tam-

bién por sus representantes legales o, en el marco de sus competencias, por el Ministerio Fiscal, que podrá actuar de oficio o a instancia de cualquier persona física o jurídica interesada.

d) En caso de fallecimiento de personas con discapacidad, estas facultades podrán ejercerse también, además de por quienes señala la letra anterior, por quienes hubiesen sido designados para el ejercicio de funciones de apoyo si tales facultades se entendieran comprendidas en las medidas de apoyo prestadas por el designado.

2. Las personas legitimadas en el apartado anterior podrán decidir acerca del mantenimiento o eliminación de los perfiles personales de personas fallecidas en redes sociales o servicios equivalentes, a menos que el fallecido hubiera decidido acerca de esta circunstancia, en cuyo caso se estará a sus instrucciones.

El responsable del servicio al que se le comunique, con arreglo al párrafo anterior, la solicitud de eliminación del perfil, deberá proceder sin dilación a la misma.

3. Mediante real decreto se establecerán los requisitos y condiciones para acreditar la validez y vigencia de los mandatos e instrucciones y, en su caso, el registro de los mismos, que podrá coincidir con el previsto en el artículo 3 de esta ley orgánica.

4. Lo establecido en este artículo en relación con las personas fallecidas en las comunidades autónomas con derecho civil, foral o especial, propio se regirá por lo establecido por estas dentro de su ámbito de aplicación".

Tanto el artículo 3 como el artículo 96 parecen determinar el "ámbito subjetivo de aplicación de ambos preceptos", pero, en ningún caso, determinan el presupuesto objetivo de tales preceptos, es decir, los contenidos digitales[92]. De hecho, este art. 96 *ab initio* prevé una "presunción de consentimiento" a favor de las personas en ella señaladas, utilizándose, aún si cabe, de forma más equívoca el término "testamento digital".

Como afirma MORALEJO IMBERNÓN[93] ni debe confundirse este "testamento digital" con el presunto "testamento *on line*", ni los contenidos digitales, a los que se refiere la LOPD, constituyen siempre bienes "transmisibles" que puedan ser objeto de sucesión *mortis causa*, además, las personas a las que se refiere este "testamento" son más "interlocutores" y no herederos propiamente. En cualquier caso, no estamos ante una

---

92 BERROCAL LANZAROT, A.I., "Disposición *mortis causa* de los datos digitales: el llamado ´testamento digital`", *Revista Crítica de Derecho Inmobiliario,* Año nº 97, n.º 783, 2021, pp. 570-609.

93 MORALEJO IMBERNÓN, *op. cit.,* p. 254.

de las diferentes formas testamentarias contempladas en el CC español[94].

Por su parte, LLOPIS BENLLOCH[95] opina que lo que regula el artículo 96 ni es testamento (es disposición de última voluntad, pero no testamento), ni es digital en cuanto a su forma, ni dispone del contenido digital de una persona, y que, al igual, que como veremos, no existe el "testamento electrónico", tampoco existe en España el "testamento digital".

Este artículo 96, afirma LLEONART CASTRO[96] únicamente establece reglas de acceso a contenidos gestionados por prestadores de servicios de la sociedad de la información. Es más un "mandato", como afirma el autor, y claramente no un testamento. Se da la paradoja de que el artículo 1732 Cc afirma que el mandato se extingue por la muerte del mandante y que en nuestro Derecho (a diferencia del alemán, donde sí se admite el *"Vollmacht auf den Tod or postmortale Vollmacht"*, y de las concepciones anglosajonas del po-

---

94 Así lo destaca COBAS COBIELLA, M.E., "Testamento digital. Mito o realidad" en *Declaración de voluntad en un entorno digital,* Cervilla Garzón M.D. y Blandino Garrido M.A. (dir.), Aranzadi, Cizur-Menor (Navarra), 2021; pp. 221-232.

95 LLOPIS BENLLOCH, J.C., "Curso sobre herencia digital y protección de datos" publicado en: https://notariallopis.es/herencia-digital-y-proteccion-de-datos/

96 LLEONART CASTRO, *op.cit.*, p. 21.

der (*power of attorney*)) no se admite el mandato *post mortem*, tal y como ya lo criticó el Consejo de Estado en sus consideraciones de 26 de octubre de 2017.

La doctrina italiana[97], de hecho, defiende la utilidad del mandato *post mortem exequendum*, rechazando que vaya en contra del principio *mandatum morte finitur* (deducible del art. 1722.4 *Codice Civile*, en terminología equivalente a nuestro art. 1732 Cc citado) o de la prohibición de los pactos sucesorios[98] (art. 458 *Codice Civile*). Algunos de estos autores, incluso, prevén que este instrumento también podría servir como "documento de instrucciones previas" o testamento vital.

Como afirman PALOMAR y FUERTES, los términos de la regulación de la LOPD hacen más referencia a una "sucesión digital" que a un "testamento digital", dado que se establecen también normas para el caso en que la persona titular de

---

97 SERRA, M.ª P., "L'alternativa al testamento: il mandato post mortem exequendum" publicado en *We Wealth*, el 3 de agosto de 2021. Disponible en: https://www.we-wealth.com/news/consulenza-patrimoniale/pianificazione-fiscale/alternativa-testamento-mandato-post-mortem-exequendum

98 Principio que casa mal con las nuevas tendencias en Derecho comparado, piénsese, por ejemplo, en el Cc portugués y la admisión de los pactos institutivos y los abdicativos, por no hablar de nuestra legislación foral.

los bienes digitales no haya establecido pauta o mandato alguno, llegándose a regular una suerte de *ab intestato* digital[99]. De hecho, se afirma que el artículo 96 LOPD se refiere más a un "inventario de contenido[100]".

Es importante también distinguir, si bien lo hace muy difusamente la LOPD, entre el "albacea" y "la persona encargada para ocuparse". El primero es, por definición, testamentario (art. 892 Cc español, y con especialidades en el CcCat para el caso de codicilio o pacto sucesorio), mientras que "la persona encargada" puede nombrarse *ad hoc*, en un documento aún no regulado. El albacea puede tener un contenido amplio, mientras que esta "persona encargada" sólo podrá referirse a los contenidos digitales.

En relación a la cuestión de prueba, cuando tales encomiendas se encargan al heredero o al albacea bastará con presentar una copia del testamento *a priori*, sin embargo, tal y como señala CUCURULL POBLET[101], la cosa se complica con

---

99 PALOMAR, A. y FUERTES, F.J., "Derecho al testamento digital", en *Práctico Protección de Datos de Carácter Personal y Garantía de Derechos Digitales (noviembre 2023)*, Vlex.

100 RAMON FERNÁNDEZ, F., "El coronavirus. El testamento en situación de pandemia y el uso de las TICS", *Revista de Derecho Privado*, nº. 40, 2021, p. 425.

101 CUCURULL POBLET, T., "La sucesión de los bienes digitales (patrimoniales y extrapatrimoniales), *Revista de*

las *"personas vinculadas al fallecido por razones (...) de hecho"* a las que se refiere la LOPD en sus arts 3 y 96. ¿Bastaría un acta notarial? ¿Qué instrumento podría alegarse para acreditar tal vinculación? El concepto no puede ser más difuso.

II.2.4.2.1. Sobre la conveniencia y/o primacía del testamento, en lo digital

Volviendo a un plano de *lege ferenda* cabe discutir la conveniencia, o no, del instrumento testamentario para tales menesteres.

Opina ROSALES DE SALAMANCA RODRÍGUEZ[102] que sería más positivo diseñar, y ofrecer al público, un servicio notarial de alojamiento o *host* para nuestros nombres de usuarios, contraseñas... y que dichos archivos estuvieran depositados ante el propio notario, siendo un extremo a comunicar al Registro General de Actos de Última Voluntad. Como afirma el autor, no sería sino hacer notarialmente lo que pretenden hacer algunas *start up* actualmente, integrando todo el procedimiento dentro de los servicios ofrecidos por la Agencia Notarial de Certificación.

Derecho Civil, vol. IX, núm. 2 (abril-junio, 2022), pp. 313-338, en concreto pp. 330-331.

102 ROSALES DE SALAMANCA RODRÍGUEZ, *op. cit.*, p. 38.

Tal y como defiende también LLOPIS BENLLOCH[103], es especialmente interesante la idea de PRENAFETA[104] de la "memoria testamentaria digital": una suerte de complemento del testamento (similar al regulado por el Código Civil de Cataluña en su artículo 421-20, que las admite firmadas digitalmente). De hecho, PRENAFETA justifica recurrir a las memorias testamentarias o al codicilio (figura regulada tanto en Cataluña como en Navarra[105]) y no al testamento porque si se incorporan en éste se comprometen las claves en él incluidas, pues el testamento se debe abrir y leer en presencia de todos los herederos, que además tienen derecho a copia del mismo, por lo que al hacerlo en documento aparte para el único beneficiario se preserva que sólo éste, y no todos, tengan acceso a las mencionadas claves.

Con todo, autores como GARCÍA HERRERA[106], opinan que la utilización de instrumentos diferentes al testamento pudiera traer dudas sobre la prevalencia temporal o funcional de una u otra

---

103 LLOPIS BENLLOCH, (2016), *op. cit.*

104 PRENAFETA, J., «Legado digital ante notario», 24 febrero 2014, http://www.jprenafeta.com/2014/02/24/legado-digital-ante-notario/

105 Véanse las leyes 196 a 198 del Fuero Nuevo navarro.

106 GARCÍA HERRERA, V., "Disposición *mortis causa* del patrimonio digital", en *Diario La Ley*, nºs. 7-8, 2017.

designación, así como el fraccionamiento de la sucesión de la persona.

Por su parte, CÁMARA LAPUENTE opina que el testamento es el medio idóneo (debiéndose explorar, incluso, la figura del heredero de confianza), también para el llamado "patrimonio digital"[107].

En relación con el Derecho civil aragonés, AGUAS VALERO sostiene que, aunque no se regule específicamente el testamento digital", bien pudiere recurrirse a instituciones aragonesas para regular el destino del patrimonio digital, tales como el pacto sucesorio o la fiducia. A la luz de los artículos 452 y siguientes del Código de Derecho Foral Aragonés (CDFA), el fiduciario podría, en tanto se nombrara heredero, tomar decisiones sobre la gestión de la herencia digital[108].

De hecho, si el poder preventivo, en una adecuada redacción de su clausulado, ya contempla a este "patrimonio digital" ¿por qué hacer la distinción cuando se trata de disposiciones de última voluntad? En lo que a Cataluña se refiere, el propio artículo 411-10 CcCat prevé que las voluntades digitales puedan constar en "*testamento, codicilo o memorias testamentarias*". A dife-

---

107 CÁMARA LAPUENTE (2019), *op.* cit., pp. 413-420.

108 AGUAS VALERO, G., "El testamento digital", *Revista de Derecho Aragonés,* XXVIII, 2022, pp. 65-90. En concreto, p. 75.

rencia de en el régimen del CC español (donde no es necesaria la institución de heredero en el testamento, art. 764 Cc), un testamento con contenido exclusivamente digital sería inviable en el régimen del CcCat al exigirse, necesariamente y salvo las excepciones del albacea (*marmessor*) universal o el régimen de Tortosa, institución de heredero (*caput et fundamentum totius testamenti*), así el artículo 423-1 CcCat.

En todo caso, como afirma PRENAFETA[109] y acabamos de ver, los problemas con el uso del testamento son, en esencia, que las contraseñas se acostumbran a cambiar con el paso del tiempo (y de hecho, todas las recomendaciones de ciberseguridad van en ese sentido), habría que ponerlas en el testamento (si fuere el único instrumento formal) y, además, según la legislación notarial actual, todo heredero tiene derecho a copia, y por lo tanto, a conocer las contraseñas.

Podría plantearse la posibilidad, incluso, de hacer un acta notarial a la que hiciera referencia el testamento, y que tuviere limitado el número de personas con derecho a obtener copia y conocer su contenido (quizá incluso depositando las claves en un sobre unido), aunque continuaría existiendo el problema de la actualización continua de las claves.

---

109 PRENAFETA, *op. cit.*

La doctrina italiana ha conceptuado al respecto el "legado de password" (*"legato di password*[110]*"*) precisamente para intentar solventar el problema del "secreto de las claves", considerando, un sector significado de la doctrina, que el instrumento adecuado sería una suerte de mandato *post mortem* (el mandato *post mortem exequendum*) antes comentado[111]. A favor del mandato, y en contra del testamento, cabría alegar las restricciones por razón de edad, ténganse en cuenta los artículos 663 y 688 CC, frente a la Convención de Derechos del Niño y la Ley Orgánica de Protección del Menor que pudieren esgrimirse para dictar "mandatos e instrucciones", al igual que los artículos 3 y 96 LOPD[112].

Es por eso que opino que el testamento, en su concepción clásica, no puede ser el único elemento, debiéndose buscar un complemento digital (siempre en el ámbito notarial, véase vía Ancert). Tal tesis va en consonancia con lo defendido por LLEONART CASTRO, quien propone que se haga dentro del Portal Notarial del Ciudadano, donde

---

110 DI LORENZO L., *Il legato di password, Notariato* 2/2014, pp. 144-151.

111 PAOLA SERRA, *op. cit.*

112 BASTANTE GRANELL, V., "Menor de edad y últimas voluntades digitales", *Revista de Derecho Civil,* vol. 9, n.º 4, 2022, pp. 51-135. Disponible en: https://www.nreg.es/ojs/index.php/RDC/article/view/819 , pp. 79 y 81.

bien podría añadirse la opción de permitir a sus usuarios alojar claves personales, como si de un repositorio privado de contraseñas se tratare[113].

En relación con los menores, se ha discutido si es posible que la sustitución pupilar del artículo 775 Cc[114] pueda referirse al "patrimonio digital". Tradicionalmente se ha discutido si la sustitución pupilar, es decir, aquella por la cual los progenitores pueden nombrar sustitutos a sus hijos para el caso de que éstos mueran antes de los catorce años, puede abarcar todos los bienes del menor o sólo aquellos dejados por los progenitores en cuestión.

La solución histórica en Derecho romano, así como por los derechos catalán (art. 425-6 CcCat) y balear, es permitir que la sustitución pupilar abarque todos los bienes, así también la Resolución de la Dirección General de Registros y del Notariado (DGRN), hoy Dirección General de Seguridad Jurídica y Fe Pública (DGSJFP), de 10 de mayo de 2018. Sin embargo, hay especifidades del patrimonio digital que debemos considerar. Tal y como se ha venido diciendo, no de-

---

113 LLEONART CASTRO, *op. cit.*, p. 34.

114 Art. 775 Cc: "*Los padres y demás ascendientes podrán nombrar sustitutos a sus descendientes menores de catorce años, de ambos sexos, para el caso de que mueran antes de dicha edad*". Recuérdese que la sustitución cuasipupilar o ejemplar del 776 Cc fue derogada por la Ley 8/2021 de 2 de junio.

bemos confundir los bienes patrimoniales de la herencia digital con aquellos de contenido personalísimo[115]. Como sostiene DIAZ ALABART[116], la sustitución pupilar no podrá alcanzar a tales contenidos personalísimos, pero sí a cualquier otro dato integrante de la herencia digital.

II.2.5. Reseña de los casos italiano y portugués

Citada la legislación francesa, y en breve la de EEUU, no podemos dejar de mencionar, al menos, la regulación existente en Italia y Portugal. Ambas se basan en un prisma de "protección de datos personales" más que en un derecho civil puro sustantivo (a la manera del CcCat).

En lo que respecta a Italia, el Decreto Legislativo, de 30 de junio de 2003[117], n. 196, llamado "Código en materia de protección de datos personales" ("*Codice in materia di protezione dei dati personali*[118]"), art. 2-terdecies (sobre De-

---

115 BASTANTE GRANELL, *op. cit.*, p. 89.

116 DÍAZ ALABART, S., *La protección de los datos y contenidos digitales de las personas fallecidas*, Madrid, Reus, 2020, p. 161.

117 Reformado a través del Decreto Legislativo de 10 de agosto de 2018, nº 101.

118 https://www.garanteprivacy.it/documents/10160/0/Codice+in+materia+di+protezione+dei+dati+personali+%28Testo+coordinato%29

rechos relativos a las personas fallecidas) prevé, en esencia, que los derechos relativos a los datos personales concernientes a las personas fallecidas pueden ser ejercitados por quienes tengan un interés personal, o actúen para proteger al interesado, como su representante (piénsese en lo anteriormente explicado, incluso, con la admisión de los mandatos *post mortem*), o por motivos familiares dignos de protección. No permitiéndose el uso de tales derechos en los casos previstos por la ley o cuando se ha prohibido expresamente mediante declaración escrita, presentada al responsable del tratamiento o en la última comunicación. Se exige que tal declaración sea: inequívoca y concreta, libre e informada. Quedando, en todo caso, a salvo el derecho de reclamar ante los tribunales.

En Portugal se sigue también un enfoque de protección de datos personales, así la Ley portuguesa 58/2019[119], de 8 de agosto, que regula la ejecución en Portugal del Reglamento (UE) 2016/679. En su artículo 17.2 afirma que los derechos previstos en el RGPD relativos a los datos personales de las personas fallecidas, a saber, los derechos de acceso, rectificación y supresión, son ejercidos por quienquiera que la persona fa-

---

119 https://diariodarepublica.pt/dr/detalhe/lei/58-2019-123815982

llecida designe a tal efecto o, en su defecto, por sus respectivos herederos; así mismo, los titulares de los datos también podrán, en los términos legales aplicables, determinar la imposibilidad de ejercer los derechos después de su muerte.

II.2.6. El caso Facebook

La práctica totalidad de los Estados de USA se han adherido a la *Revised Uniform Fiduciary Access to Digital Assets Act-RUFADAA*[120] (especialmente pionera en EEUU ha sido la *Connecticut General Statute* § 45a-334a, que constituye la primera respuesta legislativa al problema de recabar información sobre un difunto almacenada en una cuenta *on line*, (LÓPEZ[121])). La RUFADAA establece, pues, un sistema de tres niveles (*"the Three-Tier System"*): 1) en primer lugar, prevale-

---

120 Disponible en: https://www.uniformlaws.org/HigherLogic/System/DownloadDocumentFile.ashx?DocumentFileKey=112ab648-b257-97f2-48c2-61fe109a0b33&forceDialog=0

Para Canadá ver la *"Uniform Access to Digital Assets by Fiduciaries Act"*: https://www.ulcc-chlc.ca/ULCC/media/EN-Uniform-Acts/Uniform-Access-to-Digital-Assets-by-Fiduciaries-Act-(2016).pdf

121 LÓPEZ, A., "Posthumous Privacy, Decedent Intent, and Post-Mortem Access to Digital Assets", *24 Geo. Mason L. Rev. 183* (2016). Available at: https://scholarship.law.ua.edu/fac_articles/597

cen las instrucciones expresadas por el usuario en una *online tool*; en su defecto, 2) si el interesado no las ha proporcionado, rige la autorización para gestionar los "archivos digitales" prevista en el testamento (o poder o *trust*); en último término, y peor de los casos, 3) rigen los TOSA de la plataforma (GINEBRA MOLINS[122]).

En definitiva, en la RUFADDA se prevé que la persona designada por el causante (fiduciario) pueda gestionar sus archivos informáticos ("activos digitales" de una persona: dominios web, moneda virtual etc), pero restringe el acceso de un fiduciario a comunicaciones electrónicas como correo electrónico, mensajes de texto y cuentas de redes sociales a menos que el usuario original haya dado su consentimiento en un testamento, *trust* o poder... (clara diferenciación entre "datos" y "cuentas"). Todo ello teniendo siempre presente la *Computer Fraud Abuse Act (CFFA)* que penaliza a todo aquél que acceda a un sistema informático (local o en la nube) sin autorización o exceso en la misma[123].

---

122 GINEBRA MOLINS, M. E., Voluntades digitales en caso de muerte. *Cuadernos de Derecho Transnacional, 12* (1), 2020, pp. 908-929. https://doi.org/10.20318/cdt.2020.5229

123 SANTOS MORON, M.ª J., «La denominada "herencia digital": ¿necesidad de regulación? Estudio de Derecho español y comparado», *Cuadernos de Derecho Trans-*

Ello vino motivado por las quejas de Facebook (actual Meta), aunque especialmente beligerante haya sido Yahoo (véase el *leading case Justin Ellsworth vs Yahoo!*), al considerar que lo contrario iría en contra de la intimidad de las personas y harían caer en papel mojado sus "TOSAs" o "*Terms of service agreements*", los acuerdos de termino de uso que, en pro de la sinceridad colectiva, nadie leemos y todos tenemos tendencia a aceptar o "*agree*" masivamente.

Muy acertada es la reflexión de NAVAS NAVARRO[124], cuando opina que el hecho de que lo que en realidad son condiciones generales se encuentre en la sección "ayuda" (cuasi a título de favor diríase) y no en las "condiciones de uso" y "políticas de privacidad" puede plantear problemas acerca de si tienen carácter vinculante, o no, lo que opina la autora, y asimismo yo.

Hay autores, incluso americanos, que consideran que las condiciones generales que determinan la temporalidad y no transmisibilidad de los bienes digitales deberían ser consideradas nulas por razón de orden público al vulnerar los principios fundamentales del derecho sucesorio. Así SANTOS MORÓN opina que, desde

---

nacional, marzo, vol. 10, n.º 1, 2018. p. 427. DOI: https://doi.org/10.20318/cdt.2018.4128

124 NAVAS NAVARRO, *op. cit.*, p. 83.

la perspectiva del Derecho español, y siempre presuponiendo que se cumplen los requisitos de incorporación de las condiciones generales, no hay obstáculo para considerar válida una cláusula que establezca el carácter temporal de un derecho de crédito, a menos que pueda considerarse abusiva a la vista del conjunto de derechos y obligaciones de las partes. Como precisa la citada autora, los proveedores de servicios de internet, en sus condiciones generales, acostumbran a incluir una cláusula de elección de ley aplicable (la de California normalmente), así como de elección del foro, lo cual no obsta para que, conforme al artículo 6.2 del Reglamento (UE) 593/2009 —Roma I—, la elección de ley *"no podrá acarrear, para el consumidor, la pérdida de la protección que le proporcionen aquellas disposiciones que no puedan excluirse mediante acuerdo en virtud de la ley que, a falta de elección, habría sido aplicable de conformidad con el apartado 1"*, es decir, las correspondientes al país de residencia del consumidor[125].

Para el caso de Facebook (y ello nos vincula a todos los usuarios... y no sólo a los de EEUU), existe la posibilidad de que la cuenta de una persona fallecida reciba el apelativo de "cuenta conmemorativa" pudiendo ser gestionada por

---

125 SANTOS MORON, *op. cit.*, p. 423.

la persona designada por el difunto en la propia aplicación (contacto de legado o "*legacy contact*" en terminología anglosajona).

Como afirma MALDONADO RAMOS[126], es fácil confundir letras y pasar de "contacto" o "contrato" de legado y con ello, bien dice el autor, "se da carta blanca a un documento aparentemente jurídico que regula la última voluntad del difunto dentro del ámbito estrictamente digital", y es que, de hecho, poca duda cabe que la designación de "contacto de legado", así como la decisión de eliminar una cuenta o hacerla conmemorativa deben considerarse actos de última voluntad (BARBA[127]). Con lo expuesto se abre un eventual conflicto práctico y de concepto entre lo que son disposiciones contractuales y disposiciones testamentarias para ordenar la sucesión.

Cabe preguntarse qué clase de contrato es aquél que se firma "para el uso de redes sociales". Al decir de NAVAS NAVARRO[128], nos encontramos ante un contrato atípico que presen-

---

126 MALDONADO RAMOS, I, "Y ahora... ¿el testamento digital?", *El Notario del Siglo XXI* (76), pp. 142-145.

127 BARBA, V., "Temas y problemas contemporáneos del derecho italiano de sucesiones" publicado en *Hacia un nuevo derecho de sucesiones*, Pérez Gallardo, L. (coord.), , Grupo Editorial Ibáñez, Bogotá (Colombia), 2019, pp. 31-55.

128 NAVAS NAVARRO, *op. cit.*, p. 63.

ta elementos del contrato de servicio, de obra, depósito, e, incluso, de arrendamiento de cosa. Como muy sistemáticamente distingue la autora, estos contratos "de uso de redes sociales", deben distinguirse de los de "cuentas email", los de "cuentas para juegos online", "cuentas para usar contenido online" (distinguiéndose si hay opción de descarga y almacenamiento de contenido), "servicios de almacenamiento de datos" (*cloud computing*), "plataformas de la economía colaborativa" (eBay o Wallapop, por ejemplo), "foros, blogs y chats", relaciones jurídicas constituidas electrónicamente pero cuya prestación se produce *off line* (tiendas online: como Amazon) y, finalmente, la "banca online y los sistemas de pago virtuales" (Paypal, Wizink etc.).

Hay una idea-clave cuasi elemental e irrenunciable (así lo plasma MORALEJO IMBERNÓN[129]): la relación contractual entre plataforma y usuario, en sí misma considerada, es intransmisible *mortis causa* a sus herederos (por más que el Tribunal Federal de Justicia Alemana, en un caso en que primó la protección de un menor, como veremos seguidamente, así la sentencia de 12 de julio de 2018, llegó a una solución distinta). En defecto de esta designación expresa deberá estarse a lo previsto en la LOPD (ojo, en el ámbito estatal).

---

129 MORALEJO IMBERNÓN, *op. cit.*, p. 270.

El *leading case* alemán citado es el siguiente: un menor de 15 años se suicida y sus padres quieren acceder a su cuenta de Facebook en busca de respuesta a las causas del suicidio. Facebook, enterado del suicidio, impide el acceso al contenido, esgrimiendo que la privacidad de la persona fallecida debe prevalecer ante el resto de intereses (aunque, como bien expresa GARCÍA JOCILES[130], a ello se le suma el peligro que supone para la empresa la pérdida del monopolio decisorio sobre los datos alojados en su plataforma).

El Tribunal de Casación (BGH) de Karlsruhe, sentencia del 12 de julio de 2018, en abierta contradicción con la sentencia del Tribunal de Apelación, juzgó que "el contrato que se refiere a la cuenta de un usuario en una red social se transfiere a los herederos del titular original de la cuenta" y que los herederos "tienen derecho a reclamar al operador el acceso a la cuenta, incluidos los datos de comunicación". La importancia del fallo es capital, pues reconoce que la contraseña, el perfil social, las publicaciones... son bienes materiales del difunto que forman parte, precisamente, de una herencia digital.

130 GARCÍA JOCILES, U., "Herencia digital: Comentario a la Sentencia del Bundesgerichtsholf alemán de 27.08.2020" (Urteil vom 12.07.2018, Az.: III ZR 183/17), *Derecom*, 2021, pp. 153-165. http://www.derecom.com/derecom/

Desde el punto de vista del Cc español puede plantearse la admisibilidad como tales de aquellos pactos "sobre la herencia futura digital" y si éstos no son contrarios al artículo 1271.2 Cc cuando afirma: *"Sobre la herencia futura no se podrá, sin embargo, celebrar otros contratos que aquéllos cuyo objeto sea practicar entre vivos la división de un caudal y otras disposiciones particionales, conforme a lo dispuesto en el artículo 1056"*. Una interpretación rígida de la norma, más cuando hemos considerado a los activos digitales como parte de la herencia ordinaria, pudiera hacernos ver que se incumple la prohibición del artículo 1071.2, sin embargo, las tendencias en Derecho comparado (véase el caso portugués), y no digamos ya en nuestro Derecho foral (donde se admiten con mayor o menor amplitud) parecen conducirnos a una solución distinta.

II.2.7. Los casos de Twitter, LinkedIn y otros

En el caso de Twitter no se habla de "cuenta conmemorativa", pero se pone a disposición del interesado un formulario con el que poderle asesorar llegado el caso del fallecimiento del titular de una cuenta[131]. Twitter exige que la perso-

---

131 https://help.twitter.com/es/forms/account-access/deactivate-or-close-account/deactivate-account-for-deceased

na que solicita la desactivación de la cuenta sea el "representante legal" del fallecido, exigiendo posteriormente: información sobre el difunto, una copia de su identificación y una copia del certificado de defunción del difunto[132].

LinkedIn permite tanto crear una "cuenta conmemorativa" como proceder a la cancelación de la cuenta de usuario en sí. Los pasos a seguir en este caso, de forma muy detallada, y acertada por parte de la plataforma, son rellenar un formulario en el que deberá constar: 1º. Nombre del miembro fallecido; 2º. URL a su perfil de LinkedIn; 3º. Dirección de correo electrónico del miembro fallecido; 4º. Fecha del fallecimiento; 5º. Copia del certificado de defunción; necesitándose además, uno de los siguientes documentos para demostrar que se tiene permiso para actuar en nombre del miembro fallecido: 1. poder de administración emitido por un tribunal; 2. documentos testamentarios emitidos por un tribunal; 3. poder de representación emitido por un tribunal, o 4. otra orden judicial que indique que el solicitante es un representante autorizado del patrimonio del miembro fallecido[133].

132 https://es.beyondtype1.org/jwh-redes-sociales-ser-querido/

133 https://www.linkedin.com/help/linkedin/ask/ts-rmdmlp

La forma de cancelar la cuenta de una tienda online como Amazon no es muy dispar, distinguiendo si se tiene acceso a la dirección de correo electrónico asociada o no. En caso negativo se exige: 1) copia del certificado de defunción; 2) documento oficial certificado que demuestre que se es persona autorizada para acceder a la cuenta; 3) una identificación fotográfica válida para la persona autorizada nombrada que figura en la carta de autorización, como un pasaporte o permiso de conducir (debe recordarse que en los EEUU no existe un documento identificativo equivalente a nuestro DNI)[134].

De la terminología poca duda cabe que LinkedIn o Amazon están pensando en el sistema anglosajón (*Common Law*) y no en los ordenamientos romano-germánicos continentales. Plantea escasa duda que el testamento digital será título apto para proceder a la cancelación de una cuenta, al menos desde el punto de vista de derecho sucesorio español, y como enseguida veremos, también desde el punto de vista de derecho comunitario.

Google opta por un punto de vista netamente "contractual". Las personas nombradas como "contactos de confianza" recibirán una notificación si se ha detectado que una cuenta de Google

134 https://www.amazon.es/gp/help/customer/display.html?nodeId=TzcJJiVFnli3pG2yDA

(Gmail, YouTube, Blogger, Drive) lleva un tiempo inactiva (dos años a día de hoy). Puede también elegirse los datos que uno quiere que los "contactos de confianza" puedan descargarse[135].

En cualquier caso, Google es muy celoso con dejar acceder, a los herederos, a la información personal sin haberse producido esta disposición en base a los términos contractuales previamente. La compañía incentiva el nombramiento de una figura *sui generis* suya, no sucesoria, el "administrador de cuentas inactivas". En cualquier caso, la cancelación de cuentas de un fallecido se basa, ante todo, en la "colaboración entre la compañía y los familiares cercanos[136]". Como mecanismo de cancelación supletorio siempre quedará la eliminación por paso del tiempo e inactividad manifiesta.

II.2.8. *Startups* sucesorias y demás formas de intrusismo testamentario

Es perfectamente lícito explotar un nicho económico cuando se da la ocasión, siempre respetando las normas y la propiedad de los términos.

---

135 https://support.google.com/accounts/answer/3036546?hl=es

136 https://support.google.com/accounts/troubleshooter/6357590?hl=es

Hacer derecho "parasucesorio" es práctica en auge, también en el ámbito electrónico, y la crítica, no sólo por ejercicio por mi parte, es necesaria y de justicia.

No existe legado sin testamento (art. 858 Cc), ni son verdaderos legados los legales o atribuciones *ex lege*, como tampoco lo eran los antiguos legados forzosos (a favor de mujeres, huérfanos, pobres, para conservar los Santos Lugares...) que quedaron derogados por la Ley de 23 de mayo de 1845. Es por ello que hablar de "legado legal", derivado de un eventual "testamento digital" es una impropiedad jurídica, propia de un atrevido marketing que juega con los términos, con bastante fortuna.

Estas empresas conocidas como *"digital estates plannig services"* (tales como Legacy Locker.com, Secure Safe...) presentan sendos problemas tales como que las credenciales deben ser constantemente actualizadas o que, por distintos motivos (por ejemplo, un concurso de acreedores y posterior liquidación y extinción) estas empresas pueden llegar a desaparecer y, con ello, la información en ellas depositada[137].

Hay quien habla, así ALIÑO SEHWERERT[138], de una "cápsula digital" que se deposita en la em-

---

137 PÉREZ VALLEJO, y VIVAS TESON, *op.cit.*, p. 240.

138 ALIÑO SEHWERERT, J., "El `testamento digital´ en la nueva Ley Orgánica de Protección de Datos", *Guía de*

presa gestora hasta el momento del fallecimiento, y a la que el titular tendrá acceso durante toda la vida, actualizando los datos consignados en la misma, tanto sobre los contenidos como sobre las instrucciones, quedando grabadas con tecnología *blockchain*, para garantizar su veracidad y trazabilidad. Una vez fallece el usuario, se activa un *smart contract*, un programa autoejecutable y automático que pone en marcha las disposiciones del causante, con certificación notarial.

Por otra parte, incluso, está comenzando a ser una práctica habitual entre las entidades aseguradoras incluir, dentro de sus pólizas de seguro de fallecimiento, cláusulas concernientes al, una vez más, mal llamado "testamento digital" (no digamos ya testamento *online* o "testamento inteligente[139]" en algunas plataformas), incluyendo autorizaciones para gestionar el borrado de huella digital[140]. Obsta decir que la consideración testamentaria de tal disposición es nula, y a lo más que pudiera alcanzar es a una suerte de "au-

---

Protección de Datos y Garantía de Derechos Digitales: nueva Ley Orgánica 3/2018 y Reglamento (UE). Comentarios doctrinales, Normativa, Formularios y Esquemas, Sepin. Madrid, pp. 595-596.

139 Por ejemplo, en: https://www.milegadodigital.com/ o en https://www.tuilli.com/testamento-inteligente/

140 https://dkv.es/corporativo/noticias/los-seguros-de-decesos-de-dkv-incluyen-testamento-online-y-borrado-de-la-huella-digital

torización" en ningún caso instrumentalizada en instrumento público. En relación con, por ejemplo, los perfiles en redes sociales todo quedaría al albedrío de las diferentes compañías, que bien pudieren no admitir tales disposiciones como suficientes (a diferencia de lo que ocurriría de hacer un testamento con disposiciones concernientes al ámbito digital).

II.3. ALGUNAS CUESTIONES DE DERECHO INTERNACIONAL PRIVADO EN RELACIÓN CON EL TESTAMENTO DIGITAL

¿Qué sucederá con aquella "sucesión con bienes digitales con elemento de extranjería"? En nuestro mundo globalizado y siendo la época de los *Big Data* lo cuasi imposible realmente es que no exista una sucesión con elemento de extranjería. Como afirma MERCHAN MURILLO "en estas sucesiones el componente internacional es intrínseco debido a que los datos con frecuencia son almacenados o transferidos entre servidores situados en diferentes países[141]".

Partiendo de que la "sucesión digital" forma parte de la "sucesión ordinaria", al ser la "identidad digital", igualmente, reflejo, por más tecnológico que sea, de la "identidad personal",

---

141 MERCHÁN MURILLO, A., *op. cit.*, p. 348.

hemos de valorar si en aquellas sucesiones con elemento de extranjería (la totalidad prácticamente) es aplicable, o no, el Reglamento (UE) 650/2012 de 4 de julio, aunque por la forma de realizar la pregunta estemos ya presuponiendo la respuesta.

A modo meramente de fugaz recordatorio, como afirma RODRÍGUEZ BENOT, el Reglamento busca la previsibilidad y seguridad jurídicas (considerando 37) proclamando el principio de universalidad de la ley aplicable a la sucesión, frente a los ordenamientos del *Common Law* (Reino Unido aunque era miembro de la UE cuando se aprobó fue expresamente excluido del mismo) que se basan en una concepción patrimonialista o territorialista de la sucesión[142], ello implica también a los bienes digitales, cosa distinta es que existan las tensiones "contractualistas" en relación con las "cuentas" y su legislación aplicable llegado el caso de conflicto (véase, a modo de ejemplo, el caso de Facebook).

Algo a destacar es que el concepto de "propiedad" que tenga cada Estado queda al margen de la legislación comunitaria, así el artículo 345 TFUE cuando afirma que: "*Los Tratados no prejuzgan en modo alguno el régimen de la propie-*

---

142 RODRÍGUEZ BENOT, A., *Manual de Derecho Internacional Privado*, 10ª ed., Tecnos, Madrid, 2023.

dad en los Estados miembros". La naturaleza de los "bienes digitales", pues, será cuestión de cada país. Aunque no exista, aún, una orientación legislativa nata (dificultada además por el hecho de que esta clase de bienes, quizá más que de "propiedades especiales" cabría hablar de un *tertium genus* entre las propiedad romano-continentales y el concepto de los *property rights* del *Common Law*[143]), poca duda cabe, según lo dicho antes, de que los bienes digitales son objeto de sucesión, y ésta será una sucesión "ordinaria" y no, cuando menos íntegramente, "anómala" (véase el ejemplo clásico de las licencias de taxi), como vimos. Aunque el Reglamento (UE) 650/2012 de Sucesiones no recoja expresamente los bienes digitales dentro del patrimonio hereditario, así lo

---

143 Aunque, como recoge el punto 65 del *Taxonomy of legal issues related to the digital economy*, de la UNCITRAL (2023), en relación con los datos, ni tan siquiera casa el concepto anglosajón de los "*property rights*": "*While it is common to refer to data as "belonging" to someone (e.g. the data subject or the data controller), data is generally not recognized in law as an object of property rights, and thus not amenable to "ownership" and the rights attributed to ownership under law (e.g. the right to use and to control). In civil law jurisdictions, data is generally not listed as an object of property rights in the civil code, which generally confines such objects to tangible things. In common law jurisdictions, it has been observed that "the law has been reluctant to treat information itself as property"*.

entiende el propio BGH en su sentencia de 12 de julio de 2018, anteriormente citada.

Descartada la tesis de una sucesión "anómala", casi ni en consideración alguna, pudiere tener la idea de considerar a la "sucesión digital" como una categoría de bienes, a la que por razones de índole económica, familiar o social, debiera imponérsele restricciones a su sucesión (art. 30 Reglamento (UE) 650/2012).

Siguiendo estos postulados, y como recoge MERCHAN MURILLO[144], el Certificado Sucesorio Europeo será netamente aplicable, también, a la llamada "sucesión digital".

Hay una pregunta que podemos plantearnos, que ha hecho correr ríos de tinta, y que daría motivo para uno o varios manuales específicos: ¿podría, por ejemplo, un sueco residente en Lloret de Mar (Girona, España) formalizar un testamento digital conforme al CcCat rigiéndose su sucesión por la ley catalana al respecto? Como sostiene SERRANO DE NICOLÁS[145], es posible la *proffesio iuris*, a efectos de determinar la concreta

---

144 MERCHÁN MURILLO, *op. cit.*, pp. 352-354.

145 SERRANO DE NICOLÁS. A., "El Derecho de sucesiones: el Reglamento 650/2012 en materia de sucesiones *mortis causa* y la creación de un certificado sucesorio" en *Jornadas sobre Derecho, inmigración y empresa*, Ripol Carulla, S. (Coord.), Marcial Pons, Madrid, 2019, pp. 317-338.

ley aplicable [planificar la herencia (*estate planning*)], de un concreto derecho civil español, por ejemplo, el CcCat; en contra de quienes sostienen que no puede optarse con arreglo al Reglamento (UE) 650/2012 por una concreta ley española. La Resolución de la Dirección General de Seguridad Jurídica y Fe Pública de 20 de enero de 2022 deniega la inscripción de una escritura de pacto sucesorio de mejora otorgada por un ciudadano "al parecer, de nacionalidad francesa" al amparo del derecho gallego, "en el contexto del Reglamento (UE) n.º 650/2012", lo que es, desde luego, insostenible, incluso aunque se diferencie, vecindad civil y residencia habitual, una para los españoles y otra para los residentes, por no ser normas territoriales, sino estatutarias.

Por su parte, OÑATE CUADROS[146], entre otros, reaccionaron con sorpresa al tratarse de una tesis contraria a la sostenida por los tribunales, así la sentencia del Tribunal Superior de Justicia de Baleares de 1/2021 de 14 de mayo que "zanjó" la cuestión al admitir el otorgamiento de pactos sucesorios de definición mallorquines por

---

146 OÑATE CUADROS, F.J., "¿Sueñan los extranjeros con el derecho foral?" en *Millennium Derecho Internacional Privado*, nº 16, Tirant lo Blanch, 2022. Disponible en: https://www.millenniumdipr.com/ba-105-suenan-los-extranjeros-con-el-derecho-foral

los ciudadanos extranjeros con residencia habitual en Mallorca.

No obstante, más que de una cuestión de fondo, en este caso estaríamos ante una cuestión de forma (a diferencia de lo que ocurrirá al hablar del testamento electrónico, como veremos), siendo aplicable el Convenio de La Haya de 5 octubre de 1961, particularmente su art. 1.a), es decir, la ley del lugar en que el testador hizo la disposición.

En cualquier caso, es una de las grandes discusiones del Derecho internacional privado patrio, de imposible resolución, acaso sólo someramente plantear, en estas líneas.

III. DE ATILA A AUSTRALIA: EL TESTAMENTO OLÓGRAFO ELECTRÓNICO

III.1. EL TESTAMENTO OLÓGRAFO (PLANTEAMIENTO Y CRÍTICA, HISTÓRICA Y ACTUAL)

Valga la jocosidad, el testamento ológrafo es, en cierto modo, el "presunto Atila de los notarios": un documento que emana directamente de la personalidad del causante, a bajo coste para él, y sin intermediación alguna, o eso fácilmente se acostumbra a decir desde el desinterés más interesado, y la prensa menos informada.

La referencia al rey de los hunos no es baladí habida cuenta de que su origen histórico se atribuye a una Novela de Valentiniano III[147] (hijo de Gala Placidia (388/393-450) y Emperador del Im-

147 LÓPEZ-RENDO RODRÍGUEZ, C., "Algunas consideraciones sobre el testamento ológrafo. De Roma al Código Civil Español", en *Fundamentos Romanísticos del Derecho Contemporáneo*, VIII. Derecho de Sucesiones (vol. II), Murillo Villar, A. y Gil García, M. O. (coord.), Agencia Estatal Boletín Oficial del Estado y Asociación Iberoamericana de Derecho Romano, Madrid, 2021, pp. 1533-1590.

perio Romano de Occidente en tiempos de la invasión de Atila el Huno [425-455 d.C.]) por la que se reconoció validez al testamento *per hologragham scripturam* o *per holographam manum* (Novela 21,2,1 año 446 Teodosio II y Valentiniano III).

La *constitutio* trató de dar solución al problema de no poder testar ante la imposibilidad de encontrar testigos, salvaguardando la voluntad del testador. Para el caso que motivó la misma, ya en aquellos tiempos, no deja de ser indicativo, que la voluntad se mantuviere secreta hasta el momento de la muerte, encargándose su custodia a un tribuno y notario, hijo de su hermano.

Esta figura no pasaría al *Corpus Iuris Civilis*, y sólo se admitió por una *Constitutio* de Justiniano (Nov. 107.1), del año 541, la forma ológrafa del *testamentum parentum inter liberos* (de los padres en favor de los hijos[148]); ello sería recogido por Las Partidas (6.1.7), pero después abolido por las Leyes de Toro[149]. Con ello quiero decir que

---

148 Según definición de MIQUEL, *op. cit.*, pp. 318-319: "es el testamento que únicamente se refiere a los descendientes del testador. Para otorgar tal testamento basta un documento de puño y letra del testador, que lleve la fecha correspondiente; o, si el testamento en favor de los descendientes se quiere hacer oralmente, entonces basta con que la declaración de última voluntad se haga ante dos testigos".

149 CÁMARA LAPUENTE, S., "Las distintas formas testamentarias" en *Curso de derecho civil. Tomo V, De-*

esta figura, ajena a nuestra tradición histórica[150], procedente, en su caracterización contemporánea, de Francia (a través del Proyecto de Código Civil de 1851), acontece un "trasplante jurídico" en terminología de WATSON[151], que, no prescinde, en última instancia, al ser adverado y protocolizarse, del Notario.

Poca duda cabe que, por más que el artículo 688 *ab initio* del Código Civil español y el artículo 421-17.1 CcCat exijan, la mayoría de edad el primero y la emancipación el segundo, como garantía, además de autografía total (de ahí que haya quien defienda llamarlo testamento "autógrafo", y de hecho así le llama la legislación del Estado mejicano de Veracruz[152]), y de que su

---

recho de sucesiones / Cámara Lapuente, S. (coord.), 2022, pp. 117-148.

150 Por más que, como caso ejemplar y parte de nuestra común historia jurídica, siempre deba citarse el supuesto del "Pacicos de mi vida", como testamento ológrafo epistolar. Pudiéndose citar también el caso de la tarjeta de visita (STS 19.12.2006).

151 WATSON, A., *Legal transplants: An approach to comparative law*. University of Georgia Press, Athens (USA), 1993.

152 Art. 1486 del Código Civil del Estado de Veracruz: "*El testador hará por duplicado su testamento autógrafo e imprimirá en cada ejemplar su huella digital. El original, dentro de un sobre cerrado y lacrado, será depositado en la sección correspondiente del Registro Público, y el duplicado, también encerrado en un sobre lacrado y*

coste sea nulo para el testador en el momento de hacerlo, nos encontramos ante un testamento que ni produce plenos efectos sin intervención notarial posterior ni cumple con los más estrictos controles de capacidad, asesoramiento y conservación (piénsese que ni queda constancia obligatoria de su otorgamiento en el Registro General de Actos de Última Voluntad (RGAUV), ni se conserva en el protocolo notarial, por más que sí pueda solicitarse que se levante el acta, por el Notario, del artículo 3.b. del Anexo II del Reglamento Notarial, para dejar constar en el RGAUV de su otorgamiento), que sí cumplen los testamentos notariales, cuestiones estas que en breve analizaremos con mayor detenimiento al tratar del presunto "testamento digital".

La exigencia "manuscrita" puede ser interpretada, en favor de las personas con discapacidad, debiéndose aceptar el testamento otorgado por personas que escriben con la boca o con el pie (PEÑASCO VELASCO[153]), no obstante lo cual, sa-

---

con la nota en la cubierta, de que se hablará después, será devuelto al testador. Este podrá poner en los sobres que contengan los testamentos, los sellos, señales o marcas que estime necesarios para evitar violaciones".

153 PEÑASCO VELASCO, R., "Cuando la discapacidad no impide escribir testamento ológrafo con la boca o con el pie: Análisis jurídico, histórico y social de las normas reguladoras del testamento ológrafo y su relación con la discapacidad", en *Sociedad, justicia y discapa-*

bido es que, aún en esos casos, el Notario también puede autorizarles testamento notarial, en despacho o, incluso, para el caso de discapacidades motrices graves, desplazándose al lugar donde se halle el testador.

Una cuestión a traer a colación es que ni el Cc ni el CcCat exigen, expresamente, que el testamento conste en soporte papel. El Código Civil italiano (art. 602), en términos equivalentes, sólo habla de que el testamento ológrafo debe "*essere scritto per intero, datato e sottoscritto di mano del testatore*", e incluso el artículo 968.1 del Código Civil japonés habla de que "el testamento ológrafo deberá ser todo él escrito de puño y letra del testador, fechado, firmado con su nombre y apellido y sellado por el mismo".

Es evidente que en la *mens legislatoris* se tuvo siempre en consideración al papel como soporte; de hecho, CASTÁN[154] justificó la exigencia del requisito de la mayoría de edad en que, de lo contrario, los menores podrían abusar, irreflexivamente de las facilidades de esta forma de testar, y lo que

---

cidad, Luaces Gutiérrez, A. I. y Vázquez González, C. (coord.), Cizur-Menor (Navarra),Thomson Reuters Aranzadi, 2020, pp. 173-203.

154 CASTÁN TOBEÑAS, J. *Derecho civil español, común y foral. Tomo sexto. Derecho de Sucesiones.* Volumen segundo. 9ª ed. Revisada por Román García, Madrid, Reus, 2015.

cabe destacar aquí, que hasta la pubertad, defendió el autor, no suelen estar bien consolidados los rasgos y carácter de la escritura. Aunque dichas leyes no lo exijan expresamente sí se deriva de la redacción del artículo 62 LN cuando se refiere, en relación con la adveración, en su apartado 4º, a testigos que conozcan la *"letra y firma del testador"* o el recurso a la prueba pericial caligráfica.

III.2. EL TESTAMENTO EN SOPORTE ELECTRÓNICO EN DERECHO COMPARADO

Encarando la posibilidad de que el testamento ológrafo conste en formato electrónico, iremos de los tiempos del Bajo Imperio Romano (con la *Constitutio* de Valentiniano III citada) a la Australia actual y el interesante caso tratado por la Corte Suprema de Queensland de 6 de noviembre de 2013[155] (Juez: Peter Lyons J) en el que se discutió sobre la validez, o no, del testamento electrónico redactado en Word y almacenado en un iphone.

Resumiendo el supuesto de hecho, el señor Karter Yu se suicidó, el 2 de septiembre de 2011, dejando un archivo en formato Word[156], almace-

155 Disponible en: https://www.queenslandjudgments.com.au/caselaw/qsc/2013/322

156 Pudiere apreciarse alguna remota similitud con el caso resuelto, por nuestro Tribunal Supremo, en STS 694/2009, de 4 de noviembre, en la que se denegó la

nado en un iphone, en el que él manifestaba que era su última voluntad. En el archivo, además de disponer sobre todos sus bienes, y de manifestar su "intención de testar" (comenzando el documento: *"This is the last Will and Testament"*), se nombraba albacea (*executor*), si bien sabemos que la institución en el mundo anglosajón (basado en la liquidación y no en la continuación) no es equivalente a la nuestra.

Como punto de partida valga recordar que Australia forma parte del sistema de *Common Law* y que no existe la institución notarial (germano-latina), razón por la cual no puede hablarse de un equivalente del testamento abierto. El *will* anglosajón se caracteriza por realizarse sin la presencia de notario. Refiriéndose al testamento inglés, ANDERSON[157] afirma que los requisitos del mismo son: a) que conste por escrito, siendo indiferente el soporte; b) que sea firmado por el

---

protocolización de un testamento otorgado en peligro de muerte en un hospital, ante cinco testigos, en el que se remitía, simplemente, al documento Word almacenado en el ordenador del oficial de una notaría. El TS consideró que los testigos no tuvieron conocimiento de la manifestación última de la voluntad del testador, y por tanto, no se habían cumplido los requisitos previstos por el Cc español.

157 ANDERSON. M., "Una aproximación al derecho de sucesiones inglés", *ADC.*, nº. 3 (2006), Tomo LIX, pp. 1243-1282.

testador o bien en su presencia o bajo su dirección; c) el testador debe, bajo su firma, pretender la efectividad del testamento; d) el testador debe firmar ante la presencia de dos o más testigos simultáneamente; e) éstos deben firmar o reconocer la firma del testador.

En definitiva, sintetiza magistralmente YBARRA BORES[158], es suficiente que el testamento esté escrito y esté firmado por el testador (*testator/testatrix*), debiéndose desprender, sin lugar a duda, que el testador con su firma quería realmente dar efecto a un testamento. La firma ha de realizarse ante dos testigos y no se exige formalidad especial alguna para el otorgamiento; ambos testigos deben estar presentes simultáneamente cuando firme el testador, y, además, debe firmar un testigo en presencia del otro y del testador ("*attestation clause*"). Para el Reino Unido la regulación sigue siendo la *Wills act 1837*.

Siguiendo estas premisas, la *Section 10* de la *Succession Act 1981* de Queensland[159] prevé, en esencia, como requisitos para que el testamento (*will*) sea válido: 1) estar escrito; 2) firmado por

---

158 YBARRA BORES, A., *La sucesión mortis causa de ciudadanos británicos en España*, Cuadernos CDNIC, nº 1, Andrés Rodríguez Benot (dir.), Tirant lo Blanch, Valencia, 2021, pp. 23-24.

159 Disponible en: https://www.legislation.qld.gov.au/view/html/inforce/current/act-1981-069

el testador o por otra persona en su presencia y bajo su dirección; 3) que la firma sea hecha o reconocida por el testador en presencia de dos o más testigos presentes al mismo tiempo; 4) al menos dos de los testigos deben dar fe y firmar el testamento en presencia del testador, pero no necesariamente en presencia del otro; 5) ninguno de los testigos tiene por qué saber que el documento atestiguado y firmado es un testamento; 6) las firmas deben constar al final del testamento; 7) la firma del testador debe hacerse con intención de que el testamento "se ejecute" (piénsese que en el sistema anglosajón no se habla de la continuidad en el patrimonio (sistema romano) sino de la ejecución del mismo tras la muerte del causante); 8) si firmara persona distinta del testador, hecha en presencia del mismo y bajo su dirección, deberá hacerse con la misma intención de ejecutar; 9) el testamento no precisa de una "*attestation clause*" (o cláusula de certificación); 10) una persona que no puede ver y dar fe de que un testador ha firmado un documento no puede actuar como testigo de un testamento.

El Juez Peter Lyons, para el supuesto que analizamos, considera en su fallo que el documento contenido en el iphone constituye un testamento, pretende declarar las intenciones testamentarias de la persona fallecida, y además, existió voluntad de que el testamento fuere realmente operativo (pretender la "efectividad" de la que se hablara antes).

De hecho, por extraño que nos parezca, la propia sentencia cita la sentencia *Alan Yazbek v Ghosn Yazbek & Anor [2012] NSWSC 594*[160], por la cual Slattery J sostuvo que un documento de Microsoft Word creado en una computadora portátil era un documento testamentario a los fines de la legislación de Nueva Gales del Sur[161]. Es decir, en esta sentencia se afirmó que el carácter informal del texto no impidió que fuera testamento. En definitiva, y siempre dentro de una óptica australiana (y por ende anglosajona) el *will* electrónico está perfectamente admitido, no tanto como una modalidad especial de testar sino como algo consustancial a una institución no necesariamente, según vemos, equiparable al testamento de herencia romana.

---

160 Disponible en: https://app.justis.com/case/alan-yazbek-v-ghosn-yazbek-and-another/fulltext-judgment/c5C-Jm1yZm5Wca

161 BENNETT. M., "Technology and Wills (using and iPhone, Word or other modern devices" (2014). Disponible en: https://www.lexology.com/library/detail.aspx?g=-72d1656e-067b-4f37-bfd1-cdad113a5dad y WEL Partners, "Digitizing the Business of Wills: Two Australian Cases on the Validation of Electronic Wills" (October 26, 2020). Disponible en: https://welpartners.com/blog/2020/10/digitizing-the-business-of-wills-two-australian-cases-on-the-validation-of-electronic-wills/

Australia no es jurídicamente una isla aislada. El testamento hecho en forma electrónica se reconoce también en algunos Estados de Estados Unidos[162], y va en aumento. Antes de analizar la regulación de algunos de estos Estados, es imprescindible citar la existencia de la *Uniform Electronic Wills Act* (UEWA)[163] aprobada en 2019 por la comisión "armonizadora/unificadora" del derecho estadoudinense (la *National Conference of Comissioners on Uniform State Laws*). Pasando a analizar la regulación en algunos de los Estados de EEUU:

En Nevada (NEV. REV. STAT. § 133.085 (2020)), por ejemplo, se exige su *creación y mantenimiento en soporte electrónico, fechado* y *firmado electrónicamente* y, además, con al menos uno de los siguientes requisitos: 1) un signo *"de autenticación característico del testador"* (*"authentication characteristic of the testator"*), como puede ser el escáner de retina; 2) firma electrónica con el sello del Notario que se halle en presencia física o remota con el testador; o 3) la firma electrónica de dos o más testigos que se hallen de forma física o remota (por videollamada).

---

162 COLLINS., Crystal L. "The Future of Electronic Wills in Rhode Island After COVID-19," *Roger Williams University Law Review*: vol. 27: iss. 3, article 2. (2022) Available at: https://docs.rwu.edu/rwu_LR/vol27/iss3/2

163 Disponible en: https://www.uniformlaws.org/committees/community-home?CommunityKey=a0a16f19-97a8-4f86-afc1-b1c0e051fc71

En Arizona (ARIZ. REV. STAT. ANN. § 14-2518 (2020)) se hace especial hincapié, no sólo en la presencia de testigos, fecha y tener que acompañarse de copia del documento de identidad, sino en su *conservación*. Se afirma que debe ser "*electronically notarized*" ("notarializado electrónicamente") y dejado siempre, y en exclusiva, ante un custodio cualificado. En Indiana (IND. CODE. § 29-1-21-1 (2020)) se recomienda pero no se exige tal custodio.

Por su parte, Florida (FLA. STAT. § 732.522 (2020)), con una regulación algo más garantista, exige unos requisitos equivalentes al testamento (*will*) tradicional, debiendo firmarse al final ante la presencia de dos testigos, admitiéndose la videollamada, pero sólo bajo la supervisión de un notario. Una exigencia, cuando menos curiosa, es que el testador debe declarar no hallarse bajo la influencia de las drogas o el alcohol, así como declarar quién se halla en la sala con él. De forma similar a lo analizado para Arizona, se exige su depósito ante un custodio cualificado.

En cuanto a Canadá, aplicando la sección 58 de la *British Columbia's Wills, Estates and Succession Act* (WESA), la Corte Suprema de la Columbia Británica (Canadá), en su decisión *Hubschi Estate*[164] (2019, BCSC 2040), admite la validez de

---

164 RULE, Stan, "Hubschi Estate". Disponible en *https://sabeyrule.ca/hubschi-estate/*

un documento electrónico almacenado en dispositivo que no cumple con los requisitos formales de firma y testimonio alegando la importancia del contexto fáctico, la validez de un documento registrado digitalmente y no exigiendo como *conditio sine qua non* que conste la intención de que el testamento sea tal. Como en seguida analizaremos, ya algunos juristas desde la propia Canadá critican la "chabacanería" jurídica del testamento electrónico en estos términos, dejando el acto dispositivo indefenso ante las captaciones de voluntad y el desconocimiento jurídico por falta de asesoramiento (TODD[165]).

Common Law al margen, es de interés reseñar la regulación del "testamento abierto electrónico" en el Código Civil de México D.F. (hoy Ciudad de México). El 4 de agosto de 2021, la Gaceta Oficial de la Ciudad de México publicó diferentes reformas al Código Civil, para el Distrito Federal (CCDF), al permitir y regular el otorgamiento de testamentos a través de la firma electrónica avanzada y por medio de dispositivos electrónicos. Esta opción solamente se puede utilizar: ante peligro inminente de muerte, estando el testador sufriendo una enfermedad grave o

165 TOOD, Trevor, "Electronic Wills and S. 58 WESA". Disponible en: https://disinherited.com/will-interpretation/electronic-wills-and-s-58-wesa/

contagiosa, sufrir lesiones que pongan en riesgo su vida o encontrarse en una situación excepcional en que no se pueda acceder en persona al Notario, siendo posible esta modalidad, única y exclusivamente, cuando las personas sean mudas o tengan sordera.

IV. EL TESTAMENTO ELECTRÓNICO EN DERECHO ESPAÑOL

Siguiendo a la más autorizada doctrina al respecto (LLOPIS BENLLOCH[166]) el testamento electrónico/digital, como tal, estrictamente no existe en nuestro ordenamiento.

Como supuesto excepcional (de escasa o cuasi nula aplicación en la práctica), debe citarse la innovadora regulación del Código Civil de Cataluña en su Libro IV (Ley 10/2008, de 10 de julio), artículo 421-14.2 CcCat, que regula el testamento cerrado electrónico. El precepto versa: "2. *El testador debe firmar en todas las hojas y al final del testamento, después de haber salvado las palabras enmendadas, tachadas, añadidas o entre líneas. Si el testamento se ha redactado en soporte electrónico, debe firmarse con una firma electrónica reconocida*".

---

166 LLOPIS BENLLOCH, J.C., "Con la muerte digital no se juega: el testamento online no existe" en R. Olivia León, & S. Valero Barceló, *Testamento ¿Digital? España: Desafíos legales #RetoJCF Juristas con futuro*. 2016, pp. 45-52. Disponible en: https://dialnet.unirioja.es/descarga/libro/657167.pdf

Parafraseando a ALBADALEJO[167], y a su comentario sobre la revocación real de testamento cerrado del artículo 742 CC, este testamento es "insólito al cuadrado"; y JOU MIRABENT aboga por la supresión de tal forma testamentaria y critica ferozmente tal artículo, en cuanto a su digitalización, por no poderse garantizar la perdurabilidad del soporte, *software* o la caducidad del certificado digital[168], ni estar a salvo del *hackeo* de nuestros datos digitales (VAQUER ALOY[169]).

IV.1. EL TESTAMENTO ABIERTO POR VIDEOLLAMADA Y EL TESTAMENTO EN TIEMPOS DE EPIDEMIA

La entrada en vigor de la Ley de Digitalización 11/2023, de 8 de mayo[170] (ley ómnibus donde

---

167 ALBADALEJO GARCÍA, M., "Art. 742" en *Comentarios al Código Civil y Compilaciones Forales*, Albaladejo, M. (dir.), tomo IX, vol 2º: Artículos 706 a 743 del Código Civil, Madrid, Edersa, 1983.

168 JOU MIRABENT, "Art.421-14", en Egea Fernàndez, J., Ferrer Riba, J. (dir.), *Comentari al llibre Quart del Codi Civil de Catalunya, relatiu a les successions,* vol. I, Atelier, Barcelona, 2009, pp. 209-215, p. 214.

169 VAQUER ALOY, A., "Nuevas tecnologías y derecho de sucesiones" en Bayod López, C. (dir.), *Persona y Derecho Civil: los retos del siglo XXI (Persona, género, transgénero; inteligencia artificial y animales sensibles),* Tirant lo Blanch, Valencia, 2023. p. 261.

170 *Ley 11/2023, de 8 de mayo,* de trasposición de directivas de la unión europea en materia de accesibilidad

las haya) presenta como una de sus mayores innovaciones la regulación del testamento por videollamada para el caso de epidemia declarada mientras haya confinamiento, art. 34 que da una nueva redacción al artículo 17 ter Ley del Notariado (LN): *"1. Se podrá realizar el otorgamiento y autorización a través de videoconferencia como cauce para el ejercicio de la función pública notarial, en los siguientes actos o negocios jurídicos: (...) h) Los testamentos en situación de epidemia declarada mientras dure la obligación de confinamiento".*

Esta novedad no constituye en sí un reconocimiento genérico del testamento electrónico sino, más bien, una excepción que confirma la regla: la necesidad de otorgamiento presencial. Como afirma MARIÑO PARDO[171], no estamos ante el clásico testamento en tiempo de epidemia (ante

de determinados productos y servicios, migración de personas altamente cualificadas, tributaria y digitalización de actuaciones notariales y registrales; y por la que se modifica la Ley 12/2011, de 27 de mayo, sobre responsabilidad civil por daños nucleares o producidos por materiales radiactivos. Ley "ómnibus" que incluye diferentes materias... y no ha estado sujeta a un debate sosegado y especializado por las urgencias en transponer Directivas.

171 MARIÑO PARDO, F., "Los nuevos artículos 17 y 23 de la Ley del Notariado". Disponible en: http://www.iurisprudente.com/2023/05/los-nuevos-articulos-17-y-23-de-la-ley.html

tres testigos mayores de dieciséis años y sin intervención de notario, art. 701 Cc) sino ante un testamento abierto notarial que se otorga por videoconferencia que no elimina el clásico testamento en tiempo de epidemia no notarial.

El testamento en tiempo de epidemia no es aplicable en Cataluña, dado que el Código Civil de Cataluña, en su artículo 421-5.3 prevé que: *"No son válidos los testamentos otorgados exclusivamente ante testigos"*. Por el contrario, la ley 193 del Fuero Nuevo Navarro se remite a la regulación del Código Civil español.

Italia, en los artículos 601 y siguientes del Codice Civile (CCI), regula el testamento en caso de enfermedades infecciosas, calamidad pública o infortunios (*"malattie contagiose, calamitâ pubbliche o infortuni"*), siendo supletorio respecto de los testamentos ordinarios. La regulación italiana establece un periodo de eficacia de tres meses desde que cesa la causa que impide al testador valerse de las formas ordinarias de testar, debiéndose depositar en la notaría del lugar donde se hubiese realizado, no estableciendo (a diferencia del Cc español) un plazo para presentar el testamento[172]. El testamento en tiempo de epidemia

172 ANTUÑA SUAREZ, C.M., "La sucesión testamentaria en tiempo de pandemia. Bases romanistas, análisis del artículo 701 del Código Civil y su viabilidad normati-

lo regula también el art. 985 Code francés, el § 2250 BGB o el art. 977 Cc japonés (testamento "de cuarentena[173]").

El testamento en tiempo de epidemia encuentra su origen en una constitución del emperador Diocleciano, del año 290 (C.6.23.8[174]), quien tuvo en mente la conocida como "Peste Cipriana" (249-270 d.C.). A través de esta *constitutio* se permitió el otorgamiento de testamento sin la estricta observancia del requisito esencial de la "unidad de acto", dispensando de la necesidad de que los testigos se reunieran todos juntos en presencia del testador (CASTÁN[175]).

Hasta la crisis del Covid poca duda había de que la escueta regulación del Código Civil es-

---

va a efectos presentes" en *Diálogos jurídicos.: Anuario de la Facultad de Derecho de la Universidad de Oviedo*, nº. 7, 2022, pp. 229-252.

173 BARBERÁN, F. y DOMINGO, R., *Código Civil japonés*, Aranzadi, Cizur Menor (Navarra), 2006.

174 *"Casus maioris ac novi contingentis ratione adversus timorem contagionis, quae testes deterret, aliquid de iure laxatum est. Non tamen prorsus reliqua etiam testamentorum sollemnitas perempta est. Testes enim huiusmodi morbo oppresso eo tempore iungi atque sociari remissum est, non etiam conveniendi numeri eorum observatio sublata".*

175 CASTÁN, S., "Testar en tiempos de pandemia: antecedentes históricos y en la actualidad", *RIDROM. Revista Internacional de Derecho Romano*, abril, 2021, pp. 419-480.

pañol era el prototipo de lo que, en jerga opositora, se conoce como "sala de momias". Sin embargo, ya lo predijo ALBADALEJO, "de quitar el testamento en caso de epidemia, de eso nada, los bichos igual que se van, vuelven[176]". Quizá la opinión del célebre autor debiera someterse a revisión tras la aparición de la nueva figura.

La regulación del testamento por videollamada en tiempo de confinamiento parece superar la discusión, no tan lejana por desgracia, de exigir o no que la epidemia esté "declarada[177]" (así lo consideraban PUIG BRUTAU o RIVAS MARTÍNEZ, frente a otros, como Rodrigo BER-

---

176 LÓPEZ-GALIACHO PERONA, J., "La `rabiosa´ actualidad del testamento en caso de epidemia", *El notario del siglo XXI: revista del Colegio Notarial de Madrid*, nº. 90, 2020, pp. 30-35. Disponible en: https://www.elnotario.es/opinion/opinion/10017-la-rabiosa-actualidad-del-testamento-en-caso-de-epidemia Por el contrario, LACRUZ BERDEJO, *Derecho de sucesiones*, Dykinson, Madrid, 2001, p. 284, afirmaba que "hoy en nuestro país solo una catástrofe inmensa podría desencadenar una epidemia con la intensidad y duración que parece requerir la ley", citándolo también LÓPEZ FRÍAS, M.J., «Testamentifacción en tiempos revueltos: especial consideración del testamento en caso de epidemia», *Revista de Derecho, Empresa y Sociedad (REDS)*, nº 17 (2020), pp.220-235 (en concreto, p. 223).

177 En el caso del Covid-19, la declaración como pandemia se produjo, internacionalmente por la OMS el 11 de marzo de 2020, y, por la propia declaración del estado de alarma en España por RD de 14 de marzo de 2020.

COVITZ, CASTÁN o LACRUZ que no lo creían necesario[178]). El artículo 977 del Código Civil japonés prevé, específicamente, que el testamento de cuarentena se aplicará "al que se hallare en lugar aislado por disposición administrativa a causa de enfermedad contagiosa". En todo caso, como muy gráficamente afirmó LACRUZ en su momento: no es necesario estar afectado por la enfermedad, pue el testamento vale "aun cuando el testador no contraiga el morbo epidémico y fallezca por otra enfermedad o accidente[179]". Aunque ello se pronunció respecto del originario testamento en tiempo de epidemia, es claramente predicable de la figura por videollamada.

La ventaja del testamento por videollamada en caso de confinamiento frente al clásico testamento en tiempo de epidemia es manifiesta: respecto a la nueva posibilidad testamentaria no son de aplicación los artículos 703 (por el que el testamento deviene ineficaz si pasaren dos meses desde el fin de la epidemia o, cuando el testador falleciere en dicho plazo, también quedará ineficaz si dentro de los tres meses siguientes al

---

178 Recoge SÁENZ DE SANTA MARÍA VIERNA, A., "El testamento en tiempos de epidemia", *La Notaria*, 3/2020, pp. 98 a 109.

179 LACRUZ BERDEJO, J.L. y SANCHO REBULLIDA, F.: *Elementos de Derecho Civil, V*, Derecho de Sucesiones, Bosch, Barcelona, 1981, p. 226.

fallecimiento no se acude al Notario competente para elevarlo a público) y 704 (necesidad de elevación y protocolización) del Código Civil español, produciendo plenos efectos como cualquier testamento abierto al uso, no configurándose como una forma especial de testamento abierto sino como nueva forma de poder manifestar la voluntad ante notario en el caso límite fijado de confinamiento.

Ciertamente, la posibilidad de poder testar por videollamada no constituye por sí mismo una innovación plena, ya que el artículo 65.5 LN, como consecuencia de la Ley de Jurisdicción Voluntaria (Ley 15/2015 de 2 de julio), en cuanto a los testamentos orales en peligro de muerte (art. 700 Cc) prevé, cara a la adveración y protocolización de estos testamentos: *"5. Si la última voluntad se hubiere consignado en nota, memoria o soporte magnético o digital duradero, en el acto del otorgamiento, se tendrá como testamento lo que de ella resulte siempre que todos los testigos estén conformes en su autenticidad, aun cuando alguno de ellos no recuerde alguna de sus disposiciones y así se reflejará en el acta de protocolización a la que quedará unida la nota, memoria o soporte magnético o digital duradero".*

A modo de curiosidad iuscomparativista, el artículo 1067 del Código Civil surcoreano regula el "testamento por grabación" que es aquél en que el testador manifiesta de viva voz su última voluntad, con expresión de su nombre y apellidos, así como la fecha en la que hace dicha declaración, manifestando oralmente un testigo ajeno a los supuestos del artículo 1072 que el testamento se ha otorgado debidamente y expresando su nombre y apellidos. De forma parecida el artículo 17, párrafo 4º, de la Ley de Sucesiones china de 10 de abril de 1985, cuando regula el testamento por grabación de voz, que ha de ser presenciado, por dos o más testigos[180]. Como veremos seguidamente, se trata de opciones legislativas poco recomendables al prescindir de la presencialidad, requisito *sine qua non* de garantía testamentaria.

IV.2. SOBRE EL VERDADERO TESTAMENTO "ON LINE" O ELECTRÓNICO. VISIÓN CRÍTICA

En referencia al verdadero testamento "on line" o electrónico las principales cuestiones que se plantean son, en esencia:

---

180 Así, OLIVA IZQUIERDO, A., OLIVA RODRÍGUEZ, A.M y OLIVA IZQUIERDO, A.M, *Los regímenes sucesorios del mundo,* Tomo I (Afganistán-Irlanda), Basconfer, Montalbán (Córdoba), 2017, pp. 400 y 457.

IV.2.1. El asesoramiento

El asesoramiento no sólo consiste en asistir al testador en la plasmación de su voluntad, sino, lo que no es menos importante en sí, provocar la reflexión en el mismo. Como señala GOMÁ LANZÓN[181], el ciudadano medio tiende a comportarse de manera más seria y reflexiva ante la presencia del notario; la "ejemplaridad" del fedatario influye y aleja el fantasma del *iocandi causa* en un eventual testamento sin notario.

De hecho, la propia neurociencia[182] (en su plasmación jurídica, conocida en el mundo anglosajón como *Neurolaw*) nos da pie a argumentar en contra de quienes reducen el pensamiento humano a un mero algoritmo computacional (somos "algo así

181 GOMÁ LANZÓN, J., "Ejemplaridad y fe pública", *Anales de la Academia Matritense del Notariado,* t. XLVII, 2009, pp. 163-190, y *Ejemplaridad pública,* Taurus, Madrid, 2009, p. 269.

182 Valga la "ocurrencia jurídica", ya el Derecho romano parecía anticipar el capital papel de la neurociencia en materia testamentaria, tan siquiera fuere etimológicamente al afirmarse que «El testamento se llama así porque es la *testatio mentis,* i. e. el testimonio de la mente» (Inst. 2, 10 pr.) *apud* KASER, M., KNÜTEL, R. y LOHSSE, S., *Derecho privado romano* (trad. de P. Lazo González y F. Andrés Santos), Agencia Estatal Boletín Oficial del Estado, Madrid, 2022, p. 659.

como un robot" dice DENNETT[183]) imitable por la inteligencia artificial, la llamada "IA fuerte[184]".

---

183 DENNETT, D., "Consciousness in Human and Robot Minds", *Cognition, Computation, and Consciousnees*, Masao Ito, Yasushi Miyashita y Edmund T. Rolls, Nueva York, Oxford University Press, 1997, 17-29 *apud* COECKELBERGH, M., *Ética de la inteligencia artificial* (trad. L. Álvarez Canga), Cátedra, Madrid, 2021. p. 40. El propio autor ha afirmado también: "No hay una sola célula de las que forman parte de nosotros que sepa quiénes somos, o a la que le importe saberlo. (...). Cada uno de nosotros está hecho de robots mecánicos y punto: no hay ingredientes no físicos, no robóticos en la receta de los seres humanos" en DENNETT, D., *Dulces sueños. Obstáculos filosóficos para una ciencia de la conciencia* (trad. de J. Barba y S. Jawerbaum), Katz, Móstoles (Madrid), 2006. Yendo más allá, METZINGER, T., *El túnel del yo. Ciencia de la mente y mito del sujeto* (trad. de E. Pérez-Manzuco), Enclave de Libros, Madrid, 2018, p. 253, afirma: "cuando se piensa sobre inteligencia artificial y conciencia artificial, mucha gente asumirá que existen dos tipos de sistemas de procesamiento de información: artificiales y naturales. Esto es falso. En la jerga filosófica, la distinción conceptual entre sistemas naturales y artificiales no es ni *exhaustiva* ni *exclusiva*: esto es, podría haber sistemas inteligentes y/o conscientes que no pertenezcan a ninguna categoría. Otra vieja distinción, la de software versus hardware, ha pasado de moda: disponemos de sistemas que usan hardware biológico y que pueden ser controlados por software artificial (fabricado por el hombre), y tenemos hardware artificial en el que corre software evolucionado de forma natural".

184 Una reflexión mía crítica sobre la IA fuerte y sus desafíos se halla presente en: SERRANO COPETE, J., "El

Sin entrar tampoco en una materia, tan apasionante como extensa, me parece legítimo criticar a quienes pretenden suplantar el cerebro humano sea por la vía simbólica (utilizando el lenguaje en proceso sin ambigüedades) o por la vía conexionista (en referencia a los que encuentran la clave en la estructura sináptica del cerebro y consideran plausible la creación de "neuronas electrónicas" capaces de equipararse a nuestro órgano supremo, siguiendo los postulados de Alan TURING[185] y su famoso test[186]). Las matemáticas incluso nos demuestran que un sistema no puede ser coherente y completo a la vez (teorema de Gödel[187]) y que la renuncia a la ética y la filosofía, por poner dos ejemplos, es inevitable.

---

viaje a los infiernos de la "inteligencia superfial"", *Crónica Global,* 9 de enero de 2024. https://cronicaglobal.elespanol.com/pensamiento/20240109/el-viaje-los-infiernos-de-inteligencia-superficial/823547638_13.html

185 TURING, A., "Computing Machinery and Intelligence", *Mind, New Series,* vol. 59, nº. 236, Oxford University Press (Oct., 1950), pp. 433-460. Disponible en: http://www.jstor.org/stable/2251299

186 Sobre la rivalidad entre Turing y Wittgenstein, así como para introducirse en el mundo de la inteligencia artificial, constituye una maravillosa introducción: BELDA REIG, I., *Inteligencia artificial. De los circuitos a las máquinas pensantes,* RBA, Barcelona, 2017.

187 El "teorema de Gödel" afirma que todo sistema axiomático en el que puedan formularse las leyes de la aritmética, o bien será inconsistente —o sea, contendrá algunas contradicciones internas—, o bien será incompleto

La crítica no puede ser más feroz hacia la redacción de un testamento mediante IA, por ejemplo, vía ChatGPT[188]. El pensamiento del sujeto no es el resultado en exclusiva de un procedimiento matemático, ni tan siquiera por asimilación, por más parecidos que pueda tener nuestro cerebro a una computadora [si bien elevado a la máxima expresión dado el arrollador número de neuronas y sinapsis (conexiones entre las mismas) frente al número existente de microchips en un procesador informático]. Distingue GOODENOUGH[189] entre

—es decir, habrá algunas verdades aritméticas que no podrán ser demostradas con el sistema, véase ZAMORA BONILLA, J., *En busca del yo. El mito del sujeto y el libre albedrío*, Shackleton Books, Barcelona, 2022, p.49. Sobre el teorema de Gödel, el Caos y las tesis cuánticas es imprescindible HOFSTADTER, D., *Gödel, Escher, Bach: un eterno y grácil bucle* (trad. de M.A. Usabiaga Bandizzi y A. López Rousseau), Barcelona, Tusquets, 2007, y, en general, toda la obra del Nobel de física, Roger Penrose, así, por ejemplo: PENROSE, R., *Las sombras de la mente. Hacia una comprensión científica de la consciencia* (trad. de J. García Sanz), Crítica, Madrid, 2011.

188 ARENAS, V., "El despertar de la inteligencia artificial" en *Consell: revista profesional dels administradors de finques collegiats.*, Tercer trimestre 2023, nº. 136.

189 Cita y crítica al mismo en PARDO, M., y PATTERSON. D., «Fundamentos filosóficos del Derecho y la neurociencia.», *InDret 2.2011*. Estos autores sostienen que quizá se esté cayendo por los entusiastas del "Neuro-Derecho" en lo que se conoce como "falacia mereológica", es decir, aquella por la que se confunde mente

"pensar en la justicia" (que deriva de una mezcla de huellas genéticas, herencia cultural y experiencia personal[190]) y "actividades jurídicas", teniendo lugar las decisiones concernientes a ambas, incluso, dentro de una separación cortical.

La "decisión a la hora de testar" no es un pensamiento consecuente de un mero algoritmo matemático sino una concienzuda decisión procedente de unas consideraciones morales (de justicia), más que jurídicas, dado que, en la casi totalidad de los casos, el testador no es docto en Derecho; es el propio Notario quien plasma la redacción y da forma jurídica a la voluntad (basado en un juicio de justicia) del testador. Volviendo a la neurociencia hay una discusión de fondo fundamental: ¿hay libre albedrío y qué consecuencias tiene ello en relación con la toma de decisiones, por ejemplo, a efectos testamentarios[191]?

---

y cerebro. Críticos con esta falacia son John Searle o Daniel Dennett.

190 Como precisa GAZZANIGA, M., *El cerebro ético* (trad. de M. Pino Moreno), Paidós, Barcelona, 2006: muchos datos no están totalmente codificados en los genes, dado que el entorno y el azar influyen también en la determinación de los rasgos y de la conducta.

191 Se afirma que la biología nos está haciendo entrar en una época donde vamos de la culpa a la explicación biológica, pero en todo caso, explicación no equivale a exculpación. Tesis que sostiene EAGLEMAN, D., *Incógnito. Las vidas secretas del cerebro* (trad. de D. Alou), 4ª ed., Anagrama, Barcelona, 2023.

Esta decisión, insisto, está influenciada por el entorno y la situación, y el formato presencial frente a la videollamada jamás será equivalente, ni tan siquiera a efectos de comportamiento y toma de decisiones.

Actualmente, y más con la entrada en vigor de la Ley de Digitalización, es importante citar la existencia, e implantación en auge, del Portal Notarial del Ciudadano (puesto en marcha por el Consejo General del Notariado) que permite a los ciudadanos acceder a la sede electrónica notarial, iniciar la gestión de su testamento e incluso recibir por videoconferencia asesoramiento previo (RAMOS MEDINA[192]).

IV.2.2. El juicio de capacidad

Con la reforma operada por la Ley 8/2021, de 2 de junio, se ha eliminado la distinción entre capacidad jurídica y capacidad de obrar, evitando todo proceso de "especificación" respecto a las personas con discapacidad, optando, conforme a los postulados de la Convención de Nueva York de 13 de diciembre de 2006, ratificada por Espa-

192 RAMOS MEDINA, I., "Testamento online y testamento digital, ¿son posibles?". Disponible en: https://www.notariosenred.com/2021/06/testamento-online-y-testamento-digital-son-posibles/

ña el 23 de noviembre de 2007, por un proceso de "generalización", cambiando el paradigma de la "sustitución" al "apoyo", respetando que toda persona, por el mero hecho de serlo, pueda ejercer su capacidad en condiciones de igualdad, conforme a su voluntad, deseos y preferencias.

Como dice, muy gráficamente, la STS de 6 de mayo de 2021 (Ponente: SEOANE SPIEGELBERG) se abandona un régimen de "talla única" para que la resolución judicial pueda responder al paradigma de "traje a medida", mediante la adopción de concretos apoyos. Ello se ha plasmado en la testamentifacción, donde el papel del Notario se centra, a día de hoy, más en el control del consentimiento que en el de la capacidad, o hablando en propiedad, en que el testamento se haya otorgado conforme a un consentimiento informado, ajeno a toda "influencia indebida", artículos 249, 248 y 270 Cc[193].

Así pues, el juicio notarial no debe centrarse tanto en la capacidad, incluso yendo más allá, ni en un juicio de responsabilidad. Ni tan siquiera la neurociencia puede ayudarnos en ello, dado que la responsabilidad es algo correlativo a las

---

193 Así, ÁLVAREZ ROYO-VILLANOVA, *"Voluntad y consentimiento informado en la Ley para el apoyo a las personas con discapacidad"* en revista *"El Notario del Siglo XXI"* (100).

personas, no a los cerebros. Éstos pudieren llegar a estar predeterminados (según la tesis que se sostenga) pero las personas lo son con libre albedrío para tomar sus propias decisiones (GAZZANIGA-STEVEN[194]).

Todo testamento electrónico, en esencia, dificulta este control. Además de las cuestiones relativas al asesoramiento, ya analizadas, se impide toda inspección por parte del Notario y todo juicio acerca de la aptitud del testador para prestar el consentimiento informado al margen de toda influencia indebida (valga la "broma extrema", el ordenador impide constatar que el testador no esté siendo apuntado por una pistola o que al otro lado no exista alguien captando su voluntad manifiestamente). En cualquier caso, amparándome en la mayor, la abundancia y fuerte implantación del Notariado a lo largo de la geografía española dificulta justificar la falta de desplazamiento del testador a la oficina notarial donde este juicio, además del asesoramiento, podrá efectuarse correctamente.

---

194 GAZZANIGA, M. y STEVEN, M., "Free Will in the Twenty-first Century. A Discussion of Neuroscience and the Law", *Neuroscience and the Law. Brain, Mind, and the Scales of Justice*, Brent Garland (ed), Dana Press, Nueva York, 2004.

Ni que decir cabe que, como bien afirma LLOPIS BENLLOCH[195], no cabe pensar que existe una presunción general de capacidad absoluta y eterna de todos los titulares de identificaciones electrónicas, lo cual incide de lleno en el artículo 2.3 del Reglamento (UE) nº 910/2014 del Parlamento Europeo y del Consejo, de 23 de julio de 2014 (eIDAS) dado que, como afirma el autor, establecer una presunción general de capacidad entra de lleno en el campo de derecho civil, materia excluida de su ámbito de aplicación. Para realizar el juicio de capacidad es imprescindible la comparecencia, y creo, por las razones expuestas, que física (y no telemática) en sede testamentaria.

IV.2.3. En defensa de la "unidad de acto"

La "sacralidad" del momento de testar es precisamente el motivo por el que, desde el Derecho romano clásico, se exige la unidad de acto: la ceremonia del otorgamiento debe tener lugar sin solución de continuidad, exigiéndose unidad de contexto, tiempo y lugar (GOMÁ SALCEDO[196]).

---

195 LLOPIS BENLLOCH, J.C., "La identificación y el juicio de capacidad en la intervención notarial a distancia", *Declaración de voluntad en un entorno digital*, Aranzadi, Cizur-Menor (Navarra), 2021, pp. 81-112.

196 GOMÁ SALCEDO, J.E., GOMÁ LANZÓN, I., GOMÁ LANZÓN, F. *Derecho notarial*, 3ª ed., Aferre, Barcelona, 2022. pp. 316-318.

Así lo exige el actual art. 699 Cc español cuando prevé que: *"Todas las formalidades expresadas en esta Sección se practicarán en un solo acto que comenzará con la lectura del testamento, sin que sea lícita ninguna interrupción, salvo la que pueda ser motivada por algún accidente pasajero"*, exigiendo la consabida unidad de acto sustancial (RODRÍGUEZ ADRADOS[197]). El artículo 421-5.1 CcCat prevé: *"El testamento se otorga en un solo acto ante notario hábil para actuar en el lugar del otorgamiento"*, lo que parece excluir implícitamente al testamento ológrafo de tal exigencia (y así parece desprenderse también del § 2247 BGB, aunque el más explícito sea el Código Civil y Comercial argentino, en su artículo 2478: *"No es indispensable redactar el testamento ológrafo de una sola vez ni en la misma fecha. El testador puede consignar sus disposiciones en épocas diferentes, sea fechándolas y firmándolas por separado, o poniendo a todas ellas la fecha y la firma el día en que termine el testamento"*).

El notario no debe confeccionar instrumentos *de praeteritis*, debe "oír y estar presente" (BALDO), pudiendo hacer solamente instrumentos de aquello que "en su presencia" se hace por las partes (GRE-

197 RODRÍGUEZ ADRADOS, A., "La unidad de acto formal" en *"El notario del siglo XXI: revista del Colegio Notarial de Madrid"*, nº. 24, 2009, pp. 8-11.

GORIO LÓPEZ[198]). Es por ello que es clave, muy especialmente en materia testamentaria, el "principio de inmediación". La "comparecencia en línea" propone una reinterpretación del principio de inmediación haciendo recaer su importancia no en la presencia física sino en la comparecencia directa (de ahí la restricción a la intervención por apoderado en la Ley de Digitalización, por ejemplo). Sin embargo, la presencia física, en materia testamentaria, es consustancial a la unidad de acto[199].

Como afirmara RODRÍGUEZ ADRADOS: "la seguridad más completa de la verdad del documento está en la presencia del Notario autorizante entre las personas, y ante los actos o las cosas que el documento narra; pero la inmediación sustenta también el principio de legalidad; sin presencia, como puso de relieve MARTÍNEZ GIL, el Notario no podría asegurar la fecha en

---

198 Citados por RODRÍGUEZ ADRADOS, A., "El principio de inmediación", en *"El notario del siglo XXI: revista del Colegio Notarial de Madrid"*, n.º10, noviembre-diciembre 2006.

199 Véase al respecto el *"Decálogo de la Unión Internacional del Notariado para las escrituras notariales con "comparecencia en línea"*, adoptado por la Asamblea de Notarios Miembros el 3 de diciembre de 2021. Disponible en: https://www.uinl.org/documents/20181/339555/ES+-Comparecencia+en+linea/1440629c-956f-4c94-86c9-6ad490c3ce6d

que tuvo lugar el otorgamiento ni formar sus juicios de identidad y de capacidad; no podría garantizar, por ejemplo, que el otorgante no sufría violencia o intimidación ni estaba embriagado o drogado en el momento del otorgamiento; ni siquiera podría asegurar que realmente se prestó el consentimiento, que los otorgantes no firmaron en blanco. A través de la veracidad y de la legalidad, la inmediación penetra en lo más profundo del sistema; en sus efectos[200]".

Suplantar electrónicamente a nuestro cerebro, manifestar nuestra voluntad en remoto... no debe confundirse con casos extremos que pudieren llegar a ser admitidos, siempre respetando la "sacralidad" de la unidad de acto. Así, por ejemplo, MARTINEZ ORTEGA y BUSTO CABALLERO[201] se plantean quién sería capaz de negarle el derecho a testar, expresándose electrónicamente, a Stephen Hawking.

IV.2.4. Identificación y firma

Como se advirtió anteriormente, el ser humano no cambia de unicidad por el hecho de haber

---

200 Citados por CAVALLE CRUZ, A., *Fundamentos de Deontología notarial*, Edición especial, Madrid, Fundación Notariado, 2022. p. 113.

201 MARTINEZ ORTEGA, J.C. y BUSTO CABALLERO, A.I., *El testamento de las personas con discapacidad*, Colección Notariado Hoy, Ángel Serrano de Nicolás (Dir.), La Ley, Madrid, 2023, p. 140.

cambiado de tecnología, y ello hace que los mecanismos de identificación deban existir, sea cual sea el medio utilizado, pues el objetivo, el otorgamiento individual, siempre es lo buscado.

Se ha comentado antes que en Nevada el testamento electrónico debe contener fecha y firma electrónica y algún elemento de identificación del testador sobre la base de un elemento biológico o un acto físico del testador[202]. Algún autor (SILVERIO SANDOVAL[203]) propugna el uso de la firma biométrica, es decir, la firma manuscrita sobre un soporte digital, sosteniendo que con ella se salvaguardan de mejor manera las garantías que deben respetar cualquier firma: 1) la veracidad en la autoría; 2) garantizar la inexistencia de manipulaciones posteriores (e integridad), y 3) que el documento pueda ser comprobado y presentado en tiempo y forma para que surja todos los efectos oportunos. La firma biométrica no deja de ser una firma electrónica que incorpora datos biométricos personalísimos del firmante tales como aceleración, velocidad de escritura y trazo. En tanto que firma electrónica estaría incluida dentro del Reglamento (UE) 910/2014, eIDAS.

---

202 VAQUER ALOY (2023), *op. cit.*, p. 256.

203 SILVERIO SANDOVAL, J., "El testamento ológrafo en soporte digital y la firma biométrica", *BMJ*, año LXXIII, nº. 2.222, 2009. p. 29.

La ley peruana 31338, publicada en Diario Oficial el 11 de agosto de 2021, modificó el Código Civil del Perú (art. 696), admitiendo la identificación mediante "*medios de identificación biométrica establecidos por el Reniec*", o lo que es lo mismo, el Registro Nacional de Identificación y Estado Civil (que es el organismo público autónomo encargado de la identificación de todos los peruanos por su DNI). Si bien es cierto, que no obstante regular tal "modernidad", se sigue exigiendo en tal ordenamiento la presencia de testigos para testar.

Tal y como constata VAQUER ALOY[204], en cualquier caso, en ningún caso es admisible el testamento cerrado o la memoria en que se inserta un archivo de imagen con una firma manuscrita escaneada.

IV.2.5. Soporte y conservación

La defensa de la firma biométrica, por quienes así lo hacen, no deja de estar en correlación con el soporte material donde plasmarse el testamento electrónico.

Así, CÁMARA LAPUENTE[205] sostiene que sí parece posible, y admisible por nuestro ordena-

---

204 VAQUER ALOY (2023), *op. cit.*, p. 269.
205 CÁMARA LAPUENTE (2019), *op. cit.*, p. 413.

miento, el testamento ológrafo digital que incluyese firma manuscrita en la pantalla de un dispositivo (biométrica), dado que el art. 688 Cc no establece requisitos sobre el soporte, o incluso con firma electrónica a la que el ordenamiento otorga el mismo alcance que a la firma manuscrita, siempre y cuando se cumplan el resto de requisitos del citado artículo. VAQUER ALOY[206] opina que debiera admitirse la redacción mediante lápiz digital en un teléfono inteligente o *tablet*.

Un argumento a su favor, sin lugar a dudas, es la admisión, por el Código Civil de Cataluña, de las memorias testamentarias con firma electrónica. No falto de razones, MARIÑO PARDO[207] afirma que estos soportes electrónicos suelen permitir la alteración del contenido de lo escrito (suprimiendo una parte del contenido del testamento, por ejemplo), no dejando ningún rastro, por lo que no acaban de ser equiparables a la escritura en papel (de hecho, esta discusión se predica igualmente sobre la conveniencia, o no,

---

206 VAQUER ALOY, A., "Reflexions per a una simplificació i modernització de les formes testamentàries i l´adequació del Llibre quart del Codi Civil de Catalunya a la nova regulació de la discapacitat", *Revista Catalana de Dret Privat,* vol. 26, 2022, p. 20.

207 MARIÑO PARDO, F., "Idea general sobre el testamento ológrafo". Disponible en: https://www.iurisprudente.com/2016/05/idea-general-sobre-el-testamento.html

de mantener los voluminosos protocolos en papel, cuestión que mantiene en términos equivalentes a los practicados hasta la actualidad la Ley 11/2023, de 8 de mayo de digitalización).

Hemos de excluir también cualquier admisibilidad del testamento electrónico como testamento *per relationem,* figura especialmente reprobada por el Código Civil Español y que única y exclusivamente debe reducirse a su consideración (y dentro de sus límites) como memoria testamentaria (incluso firmada digitalmente) por el CcCat (art. 421-21). Al respecto recordar que el CC español, en su artículo 672 Cc prevé que: *"Toda disposición que sobre institución de heredero, mandas o legados haga el testador, refiriéndose a cédulas o papeles privados que después de su muerte aparezcan en su domicilio o fuera de él, será nula si en las cédulas o papeles no concurren los requisitos prevenidos para el testamento ológrafo"*

A mi modo de ver, quizá la mayor garantía del eventual reconocimiento de esta forma de testar sería su conservación (siempre que no se haga a través de terceros, como en Nevada, y sí a través de la propia plataforma informática del notariado). Cómo pudiere configurarse tal conservación será objeto de análisis y práctica con la implantación de la recién aprobada Ley 11/2023, al respecto tener en cuenta ya no la regulación de la "matriz electrónica" en sí sino la implantación del "protocolo electrónico" conforme a la nueva ley.

Con todo, toda plasmación electrónica del documento público debe garantizar, como defiende BRANCÓS NÚÑEZ[208]: salvaguardas contra el hackeo, garantizar la conservación de los archivos a muy largo plazo (para ello la nueva Ley 11/2023 prevé en su artículo 34 (que da nueva redacción al art. 17.2 LN) que: "*las medidas de encriptación y conservación íntegra que permita la legibilidad de su contenido, con independencia del cambio de soporte electrónico, serán adoptadas por el Consejo General del Notariado que las comunicará para su aprobación a la Dirección General de Seguridad Jurídica y Fe Pública*") y dar solución al problema de acreditar judicialmente la inalterabilidad del procedimiento de migración.

Si bien refiriéndose al "patrimonio digital" *stricto* sensu, planteándose preocupaciones extrapolables al "protocolo electrónico" en sí, tener en cuenta los artículos 2º y 3º de la Carta de la Unesco para la preservación del patrimonio digital cuando se manifiesta el deseo de que el patrimonio digital "*sea accesible de modo permanente*" y que dicho acceso no esté sujeto a "*requisitos*

208 BRANCÓS NÚÑEZ, E., "El documento notarial en soporte electrónico", *La Notaria*, n.º. 3, 2018, pp. 33-36.

poco razonables". Además, el art. 3º afronto una preocupación aquí planteada como es "el peligro de pérdida" y para ello la Unesco plantea el problema de las *"incertidumbres existentes en torno a los recursos, la responsabilidad y los métodos para su mantenimiento y conservación y la falta de legislación que ampare estos procesos".* Afirmándose en su artículo 4º que tales medidas no sólo les incumben a los entes privados sino, muy especialmente, a los Estados miembros.

Es discutible la admisión de un eventual "testamento electrónico" en virtud de la actual redacción del art. 706 Cc (en redacción dada por la Ley 8/2021, de 2 de junio), donde se cita el testamento cerrado redactado en soporte electrónico y firmado con firma electrónica reconocida (art 706 Cc). Encuentra FERNÁNDEZ-BRAVO FRANCÉS que un problema a su admisión como testamento "electrónico" es que la firma electrónica, una vez trasladada a papel, carece de autenticidad, no habiendo *off line* posibilidad de verificación, además de que, por su propia naturaleza, los certificados digitales caducan[209]. Es decir, a diferencia de la firma manuscrita, la firma electrónica no identifica por sí sola al autor de un

---

209 Recoge ARCAS-SARIOT, Mª J., "El testamento digital. ¿Existe el testamento digital?, ¿puedo hacer testamento por internet?. Disponible en: https://todosobreherencias.es/el-testamento-digital-todo-sobre-herencias/

escrito, es el prestador de servicios de certificación, de confianza según el Reglamento eIDAS, quien tiene la misión de comprobar la identidad del firmante, antes de emitir un certificado[210].

En contra de lo que sostiene algún autor[211], es difícilmente sostenible la admisibilidad o conveniencia de unos *smart testaments*. Los *smart contracts* se definen como "un contrato que se ejecuta por sí mismo sin que intermedien terceros y se escribe como un programa informático en lugar de utilizar un documento impreso con lenguaje legal" (FRIES y MARTIN[212]). Extrapolando la figura, un *smart testament* se basaría en que, en vez de una redacción jurídica al uso, el testamento se tradujera en un cúmulo de algoritmos que se almacenase en bases de datos *blockchains*. Una vez subido a la "nube", el contenido no podrá ser modificado.

---

210 Vid MERCHAN MURILLO, A., "La identidad electrónica como elemento esencial para la realización de una e-declaración de voluntad", *Declaración de voluntad en un entorno digital*, Cervilla Garzón, M.D. y Blandino Garrido, M.A. (dir.), Aranzadi, Cizur-Menor (Navarra), 2021. pp. 323-333.

211 GARCÍA JOCILES, U., "El Reglamento europeo 650/2012 y la tecnología: los smart testaments", *Derecom* (2021), 30, pp. 77-89. http://www.derecom.com/derecom/

212 FRIES M. & PAAL. B, *Smart contracts*, Editorial Mohr Siebeck, Tübingen, 2019: Citado en GARCÍA JOCILES, U., *ibidem*.

Hasta aquí puede haber similitudes entre el almacenaje de algoritmos y nuestro recién estrenado protocolo electrónico pero el modelo sostenido por tales autores prescinde de todo asesoramiento previo, defiende un redactado directo por el causante sin filtro (no ya de autoridad sino de jurista alguno) y hace recaer el beneficio y éxito de la propuesta en una ejecución (basada en una cláusula "cuando-entonces") inmediata sin trámites oficiales (sin hacer la herencia ni nada...).

No deja de ser, como estamos viendo a lo largo de toda la obra, un nuevo ejemplo de "populismo electrónico-informático", es decir, una suerte de invocación a la tecnología como panacea viendo toda garantía jurídica rancia por definición. Valga la expresión, por manifiesta y adecuada, se pretende llegar a una solución jurídica sin derecho, y no sólo por prescindir de autoridad alguna (en pro de la comodidad) sino por, también, querer hacer sucesiones sin derecho de sucesiones, una suerte de "neo-*will*" ya sin ningún sueño de garantía o control.

IV.2.6. Revocación

Un principio fundamental de la sucesión testamentaria es la esencia revocable de las mismas. El problema es que, al no exigirse un testamento de la misma forma que el anterior, la revocación puede verse motivada por cualquier disposición testamentaria (así, por ejemplo, la STS de 25 nov 2014 que admitió la revocación parcial tácita de un testamento ante notario por una nota escrita con posterioridad a éste, que fue considerada como testamento ológrafo).

Como ya señalara PASTOR RIDRUEJO[213], el problema que se plantea es que el testamento en "forma inferior", posterior en el tiempo, revoca el anterior en forma notarial, pero éste, hasta que no haya sido protocolizado, no constará en el Registro General de Actos de Última Voluntad. Además, si el testamento inferior (no notarial) no es protocolizado dentro del plazo legal, no llegará a surtir efectos. ¿Qué sucedería de existir los testamentos electrónicos? ¿Qué debería entenderse como "testamento o cláusula revocatoria?

En EEUU, la UEWA no prevé ningún sistema de revocación en especial (craso y manifiesto error y síntoma de debilidad de lo regulado a mi parecer) y se limita a establecer que se entenderá derogado el testamento electrónico cuando se pruebe "la intención revocatoria" por preponderancia de la evidencia (o por disposición posterior), estableciendo como "actos revocatorios": eliminar un archivo, imprimir el documento y escribir "revocado" en el documento impreso, te-

213 PASTOR RIDRUEJO, F., *La revocación del testamento*, Nauta, Barcelona, 1964.

clear "revocado" en el electrónico... Sin lugar a dudas un perfecto monumento a la incoherencia e inseguridad jurídica. Desde un prisma europeo continental no podemos dejar de sonrojarnos ante las recomendaciones de la UEWA. ¿Qué sucede con las copias masivas que puedan haberse producido del archivo? ¿Hay sistemas para identificar el documento original en el sistema anglosajón? ¿Se pretende prescindir de la presencialidad para luego exigir un documento escrito con el "sello revocado"? ¿Destruir a martillazos el disco duro es muestra de intención revocatoria irrefutable puestos a admitir tal *numerus apertus* de incoherencias?

V. CUESTIONES DE DERECHO INTERNACIONAL PRIVADO EN RELACIÓN A LOS TESTAMENTOS "ELECTRÓNICOS" O "HECHOS EN FORMA ELECTRÓNICA"

A modo de recordatorio, debemos distinguir la ley aplicable al fondo del testamento, en relación a los testamentos con elemento de extranjería, y la ley aplicable a la forma.

En cuanto al fondo poca duda cabe que la ley aplicable es el Reglamento (UE) 650/2012, de 4 de julio, de Sucesiones, mientras que a la forma le es aplicable el Convenio de La Haya de 5 octubre de 1961 (*ex* art. 75.1 Reglamento Sucesorio 650/2012, los Estados miembros que son parte en él seguirán aplicándolo, en vez del artículo 27, en lo que respecta a la validez en materia de forma de los testamentos y testamentos mancomunados). Este convenio intenta evitar los testamentos claudicantes por razones forma, siendo, al igual que el propio Reglamento UE, aplicable *erga omnes*. Sin ánimo de profundizar en el detalle, el convenio fija una serie de ocho puntos de conexión posibles basados en el principio de *favor testamenti*.

La pregunta a realizarnos es obvia... ¿es admisible en nuestro ordenamiento un testamento "ológrafo electrónico" como el admitido en Australia? ¿Y un testamento hecho en forma electrónica?

Como elementos a traer a colación, es conocido el caso del testamento nuncupativo oral. La Sentencia Tribunal Belluno (Italia) de 22 de diciembre de 1997 indica que un Derecho extranjero que admite la forma oral, como es el caso del Derecho austríaco, que recoge el testamento nuncupativo hecho en forma oral, no vulnera el orden público internacional italiano, afirmando CARRASCOSA GONZÁLEZ[214] que lo mismo pudiera predicarse en nuestro Ordenamiento.

Desde mi punto de vista, la laxitud y relajación de las formas testamentarias del mundo anglosajón no son admisibles *per se* en un sistema netamente garantista como el continental. En relación con el testamento ológrafo electrónico (caso del documento Word en USB) me parece muy forzado aplicar el criterio seguido por Ita-

---

214 CARRASCOSA GONZÁLEZ, J., El testamento ológrafo y el Derecho internacional privado, *Revista de la Facultad de Ciencias Sociales y Jurídicas de la Universidad Miguel Hernández,* vol. 1, nº. 3, 2008, pp. 181-201.

lia en relación con el nuncupativo. De hecho, pudiere llegarse a discutir la aplicabilidad misma del Convenio de La Haya a esta cuestión. Un argumento por analogía a favor de lo expresado sería lo defendido por un importante sector notarial de la doctrina en relación con el testamento mancomunado.

Frente a una postura denominada "internacionalista" (defendida por CALVO CARAVACA, entre otros[215]) y que sostienen la aplicación del Convenio al considerar el testamento mancomunado una cuestión de forma, una postura notarial (MARTINEZ-GIL VICH[216]) considera que la cuestión del testamento mancomunado es una cuestión "de fondo".

Al respecto, simplemente citar que el Reglamento (UE) 650/2012 parece considerarlo como un "pacto sucesorio". No es la misma cuestión, pero considero, y sostengo, que la admisibilidad de un testamento hecho en Word y guardado en USB también es discutible, no siendo una cuestión sólo de forma sino también de fondo, y yen-

215 Que no por todos los internacionalistas, así FONT SEGURA, A., "La sucesión hereditaria en Derecho interregional", *ADC*, vol. 53, nº. 1, 2000, pp. 23-82.

216 Tal y como me comentaron, en la inmortal e inolvidable biblioteca de la Escuela Velazquiana, mis amigos y preparadores de dictamen: Ignacio y José Luís MARTÍNEZ-GIL VICH, en nuestras maratonianas sesiones.

do un paso más, quizá también cupiere sostener que la admisibilidad del mismo también podría llegarse a considerar contrario al propio orden público económico español, al ir en contra de los más elementales mínimos de seguridad jurídica. Al respecto, pues, cabría alegar el artículo 7 de la Convención de La Haya de 1961: "*no podrá eludirse la aplicación de cualquiera de las leyes declaradas competentes por el presente convenio más que si es manifiestamente incompatible con el orden público*".

Ya a principios del siglo XX se denegó (véase jurisprudencia suiza, por ejemplo, la sentencia del Tribunal Federal suizo de 15 de julio de 1931), en diferentes ordenamientos de nuestro entorno, la aplicación del derecho soviético por ir en contra del orden público[217]. Equipar el derecho soviético al *Common Law* es excesivo, pero tampoco cabe admitir los casos extremos del sistema anglosajón, sin más, en un sistema romano-continental garantista como el nuestro.

El reconocimiento, me atrevería a decir, de cualquier testamento hecho en forma electrónica no regulado en España siempre requerirá una actuación de adveración/legitimación por parte de

---

217 AGUILAR BENITEZ DE LUGO, M. y AGUILAR GRIEDER, H., "Orden Público y sucesiones (I)", *Boletín del Ministerio de Justicia,* Año 59, n.º 1984, 2005 pp. 853-882.

la autoridad competente de origen. Aun rechazando el fondo del fallo desde un punto de vista romano-continental europeo, sería posible reconocer efectos a la "fatídica" sentencia del Juez Peter Lyons pero jamás eficacia al testamento hecho en formato Word pero almacenado en USB.

VI. ALGUNAS REFLEXIONES FINALES

A lo largo de este estudio he querido y deseado transmitir algunas ideas, que, a modo de resumen final, pueden plasmarse en las siguientes "ideas-fuerza", sin ánimo ni pretensión de exhaustividad.

En primer lugar: la defensa del testamento. Cual óbolo de Caronte[218], es difícil querer defender el tránsito a la posterioridad sin precisar de la ayuda del Notario y del instrumento del testamento abierto notarial. Cualquier crítica al testamento ológrafo es escasa y su plasmación electrónica, cuanto menos, peligrosa. Ya en su momento, JOSSERAND afirmó que "las razones que han hecho instituir el formalismo testamentario se mantienen válidas, hoy como en el pasado (...). La libertad extrema consumaría la ruina de

218 Desde un punto de vista divulgativo me remito, en tanto que defensa apasionada del instrumento testamentario, a mi artículo: SERRANO COPETE, J., "El testamento del barquero", *Crónica Global*, 18 de mayo de 2023. Disponible en: https://cronicaglobal.elespanol.com/pensamiento/20230518/el-testamento-el-barquero/764803517_13.html

la libertad... La facilidad de testar no debe devenir en la facilidad de defraudar[219]".

La efectiva, y eficiente, implantación del notariado por la geografía nacional, que conlleva su fácil acceso, unido al escaso coste del testamento abierto notarial, hacen de difícil motivación la necesidad de regular el testamento electrónico en nuestro país, salvo por motivos de urgencia justificados (tales como el caso del testamento en tiempo de epidemia habiendo confinamiento). ¿Pudiera plantearse como la forma de testar en los casos de peligro de muerte, a la vista de la actual LN, como hemos visto[220]?

Desde luego, no podemos menospreciar, sino al contrario, poner en valor, el firme papel de la informática como "lengua franca", que en pala-

---

219 JOSSERAND, L., "La désolennisation du testament", *Chronique*, Dalloz 1932, p. 73 y ss, citado por FERRER. F., "Algunos aspectos de la transmisión sucesoria ante los nuevos tiempos", en *Hacia un nuevo derecho de sucesiones*, Pérez Gallardo, L. (coord.), Grupo Editorial Ibáñez, Bogotá (Colombia), 2019.

220 En un supuesto con una similitud evidente, la *STS de 4 de noviembre de 2009* (Ponente: ROCA TRÍAS), negó la admisibilidad de unas voluntades archivadas en un ordenador de la Notaría (en base a la manifestación que el "testador" dio al Oficial de la misma) alegando, como es lógico, la ausencia de formas al no estar presente ni el Notario ni los testigos, además de citar la sentencia la ominosa, según nuestra legislación, figura del testamento *per relationem*.

bras del italiano LISERRE[221], valga universalmente consiguiendo la desaparición de las fronteras entre ordenamientos y el valor unívoco de la relación jurídica, cual si de una operación matemática se tratase, invocándose la célebre afirmación de GALILEO GALILEI[222] de que, en verdad, las matemáticas son el lenguaje de la naturaleza.

---

221 *"In conclusione, al di là del rimpianto di natura sentimentale per la perdita della centralità della lingua italiana nel futuro della comunicazione forse non solo giuridica, conviene apprezzare, in positivo, come la nuova tecnologia informatica possa servire davvero a creare una lingua franca con (potenziale) valenza universale; accreditando al genio di Galileo l'intuizione secondo cui "la natura è scritta in linguaggio matematico", dobbiamo allora, per la modesta parte che ci compete, secondare un proceso che in tale linguaggio ripone una garanzia per così dire senza frontiere della certezza e della univocità delle relazioni giuridiche".* En LISERRE, A. "*L'avvento del documento elettronico*", en *Studi in onore di Pietro Rescigno, III Diritto Privato, 2. Obbligazioni e contratti*, Dott. A. Giuffrè Editore, S.p.A., Milano, 1998, pp. 457-465.

222 Véase su famosa cita, en su obra "*El Ensayador*", que reproducimos así: "La filosofía está escrita en ese grandísimo libro que tenemos delante de los ojos, es decir, el Universo, pero no se puede entender si antes no se aprende a entender la lengua, a conocer los caracteres en que está escrita. Está escrita en lengua matemática y sus caracteres son triángulos, círculos y otras figuras geométricas..." *apud* VÁZQUEZ, J.L., "Matemáticas, Ciencia y Tecnología: una relación profunda y duradera", *Encuentros multidisciplinares*, vol. 4, n.º 11, 2002, pp. 22-38.

Pero ello jamás puede justificar una enmienda a la totalidad de las fuertes formalidades testamentarias, conllevando su difuminación en pro del argumento tecnológico, socavando su esencia.

Podría llegarse a contemplar el testamento ológrafo electrónico en la forma propuesta por algunos autores, pero siempre acompañándole de los mismos recelos que siempre han seguido al manuscrito (uniéndosele el riesgo de hackeo), pero jamás deberá considerarse una relajación de las formas testamentarias tales que nos lleven al sistema del *will* electrónico anglosajón, pieza ajena al sistema propugnado por la tradición romano-germánica y a toda defensa posible desde un mínimo juicio de seguridad jurídica.

Es cierto que el testamento, y el propio derecho de sucesiones, está sufriendo una cierta crisis (ZOPPINI[223]), y de ello puede hablarse en base a:

1. La "depolitización" del fenómeno sucesorio: al no transmitirse ya un "poder o legitimación social" sobre el clan familiar (piénsese en los mayorazgos o en las antiguas concepciones del fideicomiso, no

---

223 ZOPPINI, A., "Las sucesiones en el derecho comparado (notas introductorias)" en Calderón Puertas, C.A., Agurto Gonzales, C. (coord.), *Las sucesiones* (vol. VI), Observatorio de Derecho Civil, Motivensa Editora Jurídica, Lima (Perú), 2011, pp. 67 - 81.

digamos ya en el propio origen romano del testamento y el poder cuasi omnímodo del *pater familias*).

2. El debilitamiento de su función asistencial: función que hoy desempeña el Estado a través de los mecanismos del Estado del Bienestar.
3. La anticipación de la transmisión intergeneracional de la riqueza a través de la liberalidad: todo ello motivado por el prolongamiento de la esperanza de vida; ya que mediante la conocida como "*sucesión anticipada*", los padres transmiten en vida su riqueza a los hijos imputándoseles en la futura herencia y reservándose éstos, al mismo tiempo, una fuente de sostenimiento para vivir y una cierta forma de control sobre el patrimonio del cual han dispuesto.
4. El recurso a instrumentos de delaciones alternativas al testamento. De hecho, conexo a las estrategias de planificación hereditaria es el surgimiento de un "*sistema sucesorio paralelo*", por efecto de formas de delación "triangular" que prescinden y "sustituyen" el testamento. Nos estamos refiriendo a instrumentos que permiten lograr la transmisión en vida del causante, con actos *inter vivos,* aunque tengan

efectos *post mortem* o *trans mortem*. Al respecto, PALAZZO[224] se refiere a estos últimos como a los actos que, sin ser *mortis causa*, producen efectos aplazados o condicionados a la muerte del disponente, y que son esencialmente revocables. Ejemplos de lo explicado son: el beneficiario del seguro de vida o de la hipoteca inversa.

En todo caso, sea por su carácter intrínsecamente íntimo y personalísimo, sea por su sencillez cuasi perfecta en cuanto a esquema (que no necesariamente en cuanto al contenido), por más que razones práctico-económicas intenten esquivar la sucesión *mortis causa*, y por ello, a su más leal y útil adalid, no hay esquema ni sucesión (al llegar siempre la muerte) que escuse a la institución testamentaria, sea en su concepción primigenia o en su vertiente actualizada, como imprescindible instrumento de cierre.

En segundo lugar: el peligro y contaminación del *Common Law*. Es cierto que un autor de la importancia, y exquisitez, de Reinhard ZIMMERMANN[225] critica el "mito del aislacionismo"

---

224 Inició esta denominación PALAZZO, A., *Autonomia contrattuale e successione anomale*, Jovene, Napoli, 1983.

225 ZIMMERMANN, R., "El carácter europeo del Derecho inglés", en *Estudios de Derecho Privado Europeo* (trad. de A. Vaquer Aloy), Civitas, Madrid, 2000, pp. 16–228,

anglosajón, alegando que es más una construcción de tinte nacionalista que una realidad jurídico-histórica. De hecho, el mito de Inglaterra como nación aislada del continente fue fomentado por la separación de la Iglesia Anglicana del Papado romano. BAKER habla, incluso, de que el derecho inglés floreció en notable aislamiento respecto de Europa[226]. Folklores y reivindicaciones nacionalistas a un margen, negar precedentes romanos al *Common Law* es faltar a la realidad.

No dejamos de estar, en definitiva, ante el perpetuo choque entre los sistemas jurídicos legales continentales (más avanzados y correspondientes a la fase romana del derecho justinianeo) y los sistemas anglosajones *Common Law* de tipo jurisprudencial (más primitivos correspondientes a la fase romana pretoriana)[227], de búsqueda de so-

---

también lo recoge BARRIO GALLARDO, A., *La evolución de la libertad de testar en el "Common Law" inglés*, Aranzadi, Cizur Menor (Navarra), 2011, p. 99. Sobre la diferente recepción del Derecho romano en Europa continental y en Inglaterra cabe consultar también el Prefacio del propio autor en: ZIMMERMANN, R., *The Law of Obligations. Roman Foundations of the Civilian Tradition*, Juta & Co, Ltd, Ciudad del Cabo, 1992.

226 BAKER, J.H., *An Introduction to English Legal History*, 3erd ed, Butterworths, London, 1990, p. 35.

227 GOMÁ LANZÓN, I., "La escritura otorgada ante notario extranjero". *Anales de la Academia Matritense del Notariado*, Tomo 45-46, 2009 (Ejemplar dedicado a: Cursos 2004/2005-2005/2006), pp. 287-353.

lución para el caso concreto, al respecto recordar la célebre afirmación del Juez Holmes: "el Derecho no es más que una profecía sobre cuál será la decisión del juez[228]".

Consideran ZWEIGERT y KÖTZ[229] que algunos de los más significativos factores provocadores de las diferencias entre el *Civil* y el *Common Law* son el que jamás preocupara en las Islas Británicas el concepto de codificación (tampoco el de Constitución, recuérdese), ni tampoco sufrieran una agitación política explosiva tal como la Revolución Francesa. "El derecho inglés ha sido el producto de una larga evolución, que no ha sido perturbado por ninguna revolución" dijo René DAVID[230].

El problema con el choque entre ambos sistemas normativos aparece cuando se pretende

---

Disponible en: https://hayderecho.com/wp-content/uploads/2012/10/ESCRITURA-ANTE-NOTARIO-EXTRANJERO.pdf

228 PIOMBO HORACIO J. J., *"El pragmatismo judicial de Oliver Wendell Holmes, Jr. y la teoría predictiva del Derecho"*. Doxa. Cuadernos de Filosofía del Derecho, 43, 2019. pp. 189-218. https://doi.org/ 10.14198/DOXA2020.43.08

229 ZWEIGERT, K. y KÖTZ, H., *Introducción al derecho comparado* (trad. de A. Aparicio Vázquez), Oxford University Press, México D.F., 2002, pp. 193-194.

230 DAVID, R. y JAUFFRET-SPINOSI, C., *Los Grandes Sistemas Jurídicos Comparados* (trad. de J. Sánchez Cordero), UNAM, México, 2010. p. 209.

encontrar alguna justificación a la relajación extrema de las formas. Tal y como hemos visto, el *will* anglosajón es a duras penas equiparable al testamento notarial por su escaso formalismo y es que, de hecho, una de las grandes desventajas del propio sistema del *Common Law* es la inexistencia de la figura del notario[231]. La crisis de las hipotecas (*mortgage*[232]) *sub prime* de EEUU ya demostró a la economía global los peligros de prescindir de un sistema eficaz de seguridad jurídica preventiva (tal como es el notario latino-germánico). Además, no deja de ser un agravio que los testamentos notariales españoles (recuérdese que el abierto notarial ya produce efecto por sí mismo sin trámite de adveración posterior alguno) para producir efectos en el Reino Unido de-

231 Así la RDGRN 14.09.2016, sobre el valor y eficacia de un poder otorgado en el extranjero, ante notario anglosajón, declara que no se puede equipar el Notario español al *notary public* inglés (que no emite juicio de capacidad), pero sí a los *notaries at law* o *lawyer notaries*, propios de la City y que sirven de puente entre el *Common* y el *Civil Law*.

232 Recordar que la *mortgage* es una figura análoga, que no idéntica a la hipoteca, dado que la hipoteca anglosajona no está exenta completamente de contenido posesorio. Tradicionalmente en ella el acreedor ha tenido dos vías de actuación ante el impago, cabiendo: bien reclamar la posesión y consolidar el pleno dominio (*foreclosure*) o, lo que resulta más habitual, promover la venta, bien directa bien intermediada judicialmente.

ban pasar por la *probate*[233], cuando son mayores las facilidades que en España se da a los *will* para su aplicación en nuestro país.

Con todo, la función notarial, como cualquier otra profesión, debe estar a la última, más cuando las nuevas necesidades tecnológicas se imponen, a velocidad incontrolable y con escaso margen para la maniobra. Lo que a los procesos biológicos le ha costado, comparativamente, millones de años de alcanzar (véase por ejemplo la conquista del suelo firme por los vertebrados),

233 El llamado *Probate* es un auto de adveración judicial, de jurisdicción voluntaria. Para obtenerlo basta que el albacea nombrado en el testamento realice una declaración jurada (ante *Solicitor* o *Notary Public*) donde haga constar el fallecimiento del causante, indique que el testamento original que se acompaña a su declaración es el último del causante, indique si existen menores o usufructo, haga constar el *domicile* del causante (concepto jurídico sin equivalencia exacta en Derecho español, pero *parecido a la vecindad civil*), se comprometa a administrar la herencia diligentemente e indique el valor total de la herencia sita únicamente en el Reino Unido. Además debe acompañar un documento de la Hacienda británica previamente sellado para acreditar que se han facilitado a la misma todos los datos pertinentes para el cálculo del impuesto sobre sucesiones británico, así en: DOÑA MARTIN, M.J., "Los testamentos ingleses y su acceso al Registro de la Propiedad español como título sucesorio", en *Notaria Abierta*: https://notariabierta.es/testamentos-ingleses-registro-propiedad-titulo-sucesorio/

un virus amparándose en la tecnología es capaz de conseguirlo en días[234]. La crisis del Covid nos transformó a todos, entrando en la era de la informática radical y el imperio de la inteligencia artificial. Los desafíos son cuasi impredecibles, pero seguro que habrá siempre alguien que deba dar fe de ello y controlar la decisión última, o lo que es lo mismo, el pasaje con el que dejar lo terreno por más que la informática nos prometa la ansiada inmortalidad.

El "testamento digital" será o no testamento, pero deberá contemplarse, pues nuestra huella y herencia digital son algo cuya inexistencia sólo puede negarse sabedor de estar poseedor de la mentira. Nuestros cuerpos se pudrirán, tendremos una u otra concepción sobre el alma humana, pero la huella digital y los medios electrónicos ya siempre estarán... y pobre de la sociedad que no sepa regularlos.

---

234 Afirmación inspirada en BRACCONI, M., *La mutazione*, Turin, Bollati Boringhieri, 2020, p. 19 *apud* SISTO, D., *Puercoespines digitales. Vivir eternamente en línea* (trad. de A. Miravalles), Katz, Móstoles (Madrid), 2023.

BIBLIOGRAFÍA

Códigos legales de tradición babilónica (edición de SANMARTÍN J.), Madrid, Edicions de la Universitat de Barcelona y Trotta, 1999.

Historia y leyes de los Hititas, Textos del Imperio Antiguo. El Código. (edición de BERNABÉ, A. y ÁLVAREZ-PEDROSA, J.A.), Akal, Madrid, 2000.

AGUAS VALERO, G., "El testamento digital", *Revista de Derecho Aragonés*, XXVIII, 2022, pp. 65-90.

AGUILAR BENITEZ DE LUGO, M. y AGUILAR GRIEDER, H., "Orden Público y sucesiones (I)", *Boletín del Ministerio de Justicia,* Año 59, n.º 1984, 2005 pp. 853-882.

ALBADALEJO GARCÍA, M., "Art. 742" en *Comentarios al Código Civil y Compilaciones Forales*, Albaladejo, M. (dir.), tomo IX, vol 2º: Artículos 706 a 743 del Código Civil, Edersa, Madrid, 1983.

ALIÑO SEHWERERT, J., "El `testamento digital´ en la nueva Ley Orgánica de Protección de Datos", *Guía de Protección de Datos y Garantía de Derechos Digitales: nueva Ley Orgánica 3/2018 y Reglamento (UE). Comentarios doctrinales, Normativa, Formularios y Esquemas*, Sepin, Madrid, pp. 595-596.

ALVAR, J. y BLAZQUEZ, J.Mª (eds.), *Héroes y antihéroes en la Antigüedad Clásica*, Cátedra, Madrid, 1997.

ÁLVAREZ ROYO-VILLANOVA, S., "*Voluntad y consentimiento informado en la Ley para el apoyo a las personas con discapacidad"* en revista *"El Notario del Siglo XXI"* (100).

ANDERSON, M., "Una aproximación al derecho de sucesiones inglés", *ADC.*, nº. 3 (2006), Tomo LIX, pp. 1243-1282.

ANTUÑA SUAREZ, C.M., "La sucesión testamentaria en tiempo de pandemia. Bases romanistas, análisis del artículo 701 del Código Civil y su viabilidad normativa a efectos presentes" en *Diálogos jurídicos.: Anuario de la Facultad de Derecho de la Universidad de Oviedo*, nº. 7, 2022, pp. 229-252.

APOSTOLO, D., "Eredità digitale: inquadramiento generale", *Studio n. 1_2023 DI*, Consiglio Nazionale del Notariato.

ARBOUR, V.M., ZANNO, L.E., EVANS, D.C., "Palaeopathological evidence for intraspecific combat in ankylosaurid dinosaurs", *Biol. Lett.18: 20220404, 2022*. Disponible en: https://doi.org/10.1098/rsbl.2022.0404

ARCAS-SARIOT, MªJ., "El testamento digital. ¿Existe el testamento digital?, ¿puedo hacer testamento por internet?. Disponible en: https://todosobreherencias.es/el-testamento-digital-todo-sobre-herencias/

ARDREY, R., *The territorial imperative* (trad. de H. Rodríguez Suárez). Hispano Europea, Barcelona, 1970.

ARENAS, V., "El despertar de la inteligencia artificial" en *Consell: revista profesional dels administradors de finques col.legiats.*, Tercer trimestre 2023, nº. 136.

BAKER, J.H., *An Introduction to English Legal History*, 3erd ed, Butterworths, London, 1990.

BALCOMBE, J., *El ingenio de los peces* (trad. de G. Deza Guil), Ariel, Barcelona, 2018.

BARBA, V., "Temas y problemas contemporáneos del derecho italiano de sucesiones" publicado en en *Hacia un nuevo derecho de sucesiones*, Pérez Gallardo, L. (coord.), Grupo Editorial Ibáñez, Bogotá (Colombia), 2019, pp. 31-55.

BARBERÁN, F. y DOMINGO, R., *Código Civil japonés,* Aranzadi, Cizur Menor (Navarra), 2006.

BARRIO GALLARDO, A., *La evolución de la libertad de testar en el "Common Law" inglés*, Aranzadi, Cizur Menor (Navarra), 2011.

BASTANTE GRANELL, V., "Menor de edad y últimas voluntades digitales", *Revista de Derecho Civil*, vol. 9, n.º 4, 2022, pp. 51-135. Disponible en: https://www.nreg.es/ojs/index.php/RDC/article/view/819

BELDA REIG, I., *Inteligencia artificial. De los circuitos a las máquinas pensantes,* RBA, Barcelona, 2017.

BENNETT. M., "Technology and Wills (using and iPhone, Word or other modern devices" (2014). Disponible en: https://www.lexology.com/library/detail.aspx?g=72d1656e-067b-4f37-bfd1-cdad113a5dad y WEL Partners, "Digitizing the Business of Wills: Two Australian Cases on the Validation of Electronic Wills" (October 26, 2020). Disponible en: https://welpartners.com/blog/2020/10/digitizing-the-business-of-wills-two-australian-cases-on-the-validation-of-electronic-wills/

BERROCAL LANZAROT, A.I., "Disposición "mortis causa" de los datos digitales: el llamado "testamento digital"", *Revista Crítica de Derecho Inmobiliario,* Año nº 97, n.º 783, 2021, pp. 570-609.

BRACCONI, M., *La mutazione,* Bollati Boringhieri, Turin, 2020.

BRANCÓS NÚÑEZ, E., "El documento notarial en soporte electrónico", *La Notaria,* n.º. 3, 2018, pp. 33-36.

CÁMARA LAPUENTE, S., "La sucesión `mortis causa´ en el patrimonio digital", *Anales de la Academia Matritense del Notariado,* tomo 59, 2019.

CÁMARA LAPUENTE, S., "Las distintas formas testamentarias" en *Curso de derecho civil. Tomo V, Derecho de sucesiones* / Cámara Lapuente, S. (coord.), 2022, pp. 117-148.

CARRASCOSA GONZÁLEZ, J., El testamento ológrafo y el Derecho internacional privado, *Revista de la Facultad de Ciencias Sociales y Jurídicas de la Universidad Miguel Hernández,* vol. 1, nº. 3, 2008, pp. 181-201.

CASTÁN, S., "Testar en tiempos de pandemia: antecedentes históricos y en la actualidad", *RIDROM. Revista Internacional de Derecho Romano,* abril, 2021, pp. 419-480.

CASTÁN TOBEÑAS, J., *Derecho civil español, común y foral. Tomo sexto. Derecho de Sucesiones.* Volumen segundo. 9ª ed. Revisada por Román García, Reus, Madrid, 2015.

CASTRO SÁENZ, A., "Sobre la naturaleza testada o intestada de la primitiva sucesión romana", *Fundamentos Romanísticos del Derecho Contemporáneo,* VIII. Derecho de Sucesiones (Vol. I), Murillo Villar, A. y Gil García, M.O (coord.), Madrid, Agencia Estatal Boletín Oficial del Estado y Asociación Iberoamericana de Derecho Romano, 2021.

CAVALLE CRUZ, A., *Fundamentos de Deontología notarial,* Edición especial, Fundación Notariado, Madrid, 2022.

CERAM, C.W., *El misterio de los hititas. El descubrimiento de una antigua civilización* (trad. J. Gascón), Destino, Barcelona, 1957.

COBACHO LÓPEZ, A., "Reflexiones en torno a la última actualización del derecho al olvido digital", *Revista de Derecho Político,* n.° 104, enero-abril 2019, pp. 197-227.

COBAS COBIELLA, M.E., "Testamento digital. Mito o realidad" en *Declaración de voluntad en un entorno digital,* Cervilla Garzón M.D. y Blandino Garrido M.A. (dir.), Aranzadi, Cizur-Menor (Navarra), 2021, pp. 221-232.

COBAS COBIELLA, M.E., "Aspectos sustantivos del derecho hereditario" en *Derecho de Sucesiones,* Alventosa del Río, J. y Cobas Cobiella, M.E. (dir.), Tirant lo Blanch, Valencia, 2023.

COECKELBERGH, M., *Ética de la inteligencia artificial* (trad. L. Álvarez Canga), Cátedra, Madrid, 2021.

COLLINS., Crystal L., "The Future of Electronic Wills in Rhode Island After COVID-19," *Roger Williams University Law Review*: vol. 27: iss. 3, article 2. (2022) Available at: https://docs.rwu.edu/rwu_LR/vol27/iss3/2

CUCURULL POBLET, T., "La sucesión de los bienes digitales (patrimoniales y extrapatrimoniales), *Revista de Derecho Civil,* vol. IX, núm. 2 (abril-junio, 2022), pp. 313-338.

DAVID, R. y JAUFFRET-SPINOSI, C., *Los Grandes Sistemas Jurídicos Comparados* (trad. de J. Sánchez Cordero), UNAM, México, 2010.

DE RIDDER, Jacob Jan, "Testaments and Division of Assyrian Estates in the Second Millennium BC", Aula Orientalis 35/1 (2017), pp. 51-84.

DE WAAL, F., *El bonobo y los diez mandamientos: en busca de la ética en los primates* (trad. de A. García Leal), Tusquets, Barcelona, 2014.

DENNETT, D., "Consciousness in Human and Robot Minds", *Cognition, Computation, and Consciousnees,* Masao Ito, Yasushi Miyashita y Edmund T. Rolls, Oxford University Press, Nueva York, 1997, 17-29.

DENNETT, D., *Dulces sueños. Obstáculos filosóficos para una ciencia de la conciencia* (trad. de J. Barba y S. Jawerbaum), Katz, Móstoles (Madrid), 2006.

DI LORENZO L., *Il legato di password, Notariato* 2/2014, pp. 144-151

DÍAZ ALABART, S., *La protección de los datos y contenidos digitales de las personas fallecidas*, Reus, Madrid, 2020.

DOÑA MARTIN, M.J., "Los testamentos ingleses y su acceso al Registro de la Propiedad español como título sucesorio", en *Notaria Abierta*: https://notariabierta.es/testamentos-ingleses-registro-propiedad-titulo-sucesorio/

EAGLEMAN, D., *Incógnito. Las vidas secretas del cerebro* (trad. de D. Alou), 4ª ed., Anagrama, Barcelona, 2023.

EVANS STAKE, J., "The property "instinct", *Law & the brain,* ZEKI, S., y GOODENOUGH, O. (coord.), Oxford University Press., Nueva York, 2006.

FERNÁNDEZ BURGUEÑO, P., "Aspectos jurídicos de la identidad digital y la reputación *on line*", *adCo-*

munica: revista científica de estrategias, tendencias e innovación en comunicación, n.º 3, 2012, pp. 125-142.

FERRARIS, M., *Metafísica de la web* (trad. de J. Hernández Marcelo y P. Vicente Moraleja), Dykinson, Madrid, 2020.

FERRER. F., "Algunos aspectos de la transmisión sucesoria ante los nuevos tiempos", en *Hacia un nuevo derecho de sucesiones*, Pérez Gallardo, L. (coord.), Grupo Editorial Ibáñez, Bogotá (Colombia), 2019.

FONT SEGURA, A., "La sucesión hereditaria en Derecho interregional", *ADC*, vol. 53, nº. 1, 2000, pp. 23-82.

FOS MEDINA, J. B., *El testamento en la historia: aspectos morales y religiosos,* El Derecho: suplemento de filosofía 30. 2015. Disponible en: https://repositorio.uca.edu.ar/handle/123456789/3094

FRIES M. & PAAL. B, *Smart contracts*. Editorial Mohr Siebeck, Tübingen, 2019.

FUSTEL DE COULANGES, N.D., *La ciudad antigua* (trad. de J. F. Yvars), Península, Barcelona, 1984.

GAMBARO, A., "Dalla new Property alle new Properties", en *Scienza e insegnamento del diritto civile in Italia* – Congreso de estudio en honor al Prof. Angelo Falzea, coord. V. Scalisi, Giuffré, Milán, 2004, pp. 675-690.

GARCÍA HERRERA, V., "Disposición *mortis causa* del patrimonio digital", en *Diario La Ley*, nºs. 7-8, 2017.

GARCÍA JOCILES, U., "Herencia digital: Comentario a la Sentencia del Bundesgerichtsholf alemán de 27.08.2020" (Urteil vom 12.07.2018, Az.: III

ZR 183/17), *Derecom*, 2021, pp. 153-165. http://www.derecom.com/derecom/

GARCÍA JOCILES, U., "El Reglamento europeo 650/2012 y la tecnología: los smart testaments", *Derecom* (2021), 30, pp. 77-89. http://www.derecom.com/derecom/

GARCÍA MAS, F.J., *Firma electrónica, contratos electrónicos y otras cuestiones*, Cuniep, Córdoba, 2022.

GARCÍA-TERUEL R.M., "Legal challenges and opportunities of blockchain technology in the real estate sector". *Journal of Property, Planning and Environmental Law. Special Issue: Blockchain and PropTech opportunities and challenges for land registration and land uses*. 2020. DOI: 10.1108/JPPEL-07-2019-0039

GARCÍA-TERUEL R.M., "Introducción al fenómeno de la `tokenización´. Estudio de casos", *La tokenización de bienes en blockchain: Cuestiones civiles y tributarias*, R.M. García Teruel (coord.), Aranzadi, Cizur-Menor (Navarra), 2020, pp. 29-60.

GAZZANIGA, M., *El cerebro ético* (trad. de M. Pino Moreno), Paidós, Barcelona, 2006.

GAZZANIGA, M. y STEVEN, M., "Free Will in the Twenty-first Century. A Discussion of Neuroscience and the Law", *Neuroscience and the Law. Brain, Mind, and the Scales of Justice*, Brent Garland (ed), Dana Press, Nueva York, 2004.

GINEBRA MOLINS, M. E., Voluntades digitales en caso de muerte. *Cuadernos de Derecho Transnacional, 12* (1), 2020, pp. 908-929. https://doi.org/10.20318/cdt.2020.5229

GINEBRA MOLINS, M. E., "La (des)protección de los datos personales de las personas fallecidas" en *Cuestiones clásicas y actuales del Derecho de daños: estudios en homenaje al profesor Dr. Roca Guillamón,* vol. 2, Aranzadi Thomson Reuters, Cizur Menor (Navarra), 2021, pp. 1111-1134.

GOMÁ LANZÓN, I., "La escritura otorgada ante notario extranjero". *Anales de la Academia Matritense del Notariado,* Tomo 45-46, 2009 (Ejemplar dedicado a: Cursos 2004/2005-2005/2006), pp. 287-353. Disponible en: https://hayderecho.com/wp-content/uploads/2012/10/ESCRITURA-ANTE-NOTARIO-EXTRANJERO.pdf

GOMÁ LANZÓN, J., "Ejemplaridad y fe pública", *Anales de la Academia Matritense del Notariado,* t. XLVII, 2009, pp. 163-190.

GOMÁ LANZÓN, J., *Ejemplaridad pública,* Taurus, Madrid, 2009.

GOMÁ SALCEDO, J.E., GOMÁ LANZÓN, I., GOMÁ LANZÓN, F. *Derecho notarial,* 3ª ed., Aferre, Barcelona, 2022.

GÓMEZ NAVARRO, S., "Testamento y tiempo: historia y derecho en el documento de última voluntad", en *Trocadero: Revista de historia moderna y contemporánea,* n.º 10-11, 1998-1999. pp. 49-72.

GONZÁLEZ GRANADO, J., "Sólo se muere una vez: ¿Herencia digital?", en R. Olivia León, & S. Valero Barceló, *Testamento ¿Digital? España: Desafíos legales #RetoJCF Juristas con futuro,* 2016.

GONZÁLEZ HERNÁNDEZ, R., "La disposición sucesoria del patrimonio digital" en *Condiciones y negocios jurídicos mortis causa,* Cañizares Laso A. (dir.), Diéguez Oliva, R. (coord.), Tirant lo Blanch, Valencia, 2023.

GONZÁLEZ MONJE, A., "Sentencia del Tribunal Supremo (Sala de lo Penal, Sección 1.ª), 850/2014, de 26 de noviembre [ROJ: STS 5174/2014]", *AIS: Ars Iuris Salmanticensis*, *3*(1), 2015, 358–360. Recuperado a partir de https://revistas.usal.es/cuatro/index.php/ais/article/view/13953

GONZÁLEZ-BUENO CATALÁN DE OCÓN, C., *Marcas notorias y renombradas en la ley y la jurisprudencia.*, La Ley, Madrid, 2005.

GUAGLIANONE, A.H., *Historia y Legislación de la Legítima,* Buenos Aires, 1940.

HOFSTADTER, D., *Gödel, Escher, Bach: un eterno y grácil bucle* (trad. de M.A. Usabiaga Bandizzi y A. López Rousseau), Tusquets, Barcelona, 2007.

IHERING, R., *Bromas y veras en la ciencia jurídica* (trad. de Banzhaf), T., Civitas, Madrid, 1987.

JANNET, C., *Les institutions sociales et le droit civil à Sparte,* Paris, 1880.

JOSSERAND, L., "La désolennisation du testament", *Chronique*, Dalloz, 1932.

JOU MIRABENT, L., "Art.421-14", en Egea Fernàndez, J., Ferrer Riba, J. (dir.), *Comentari al llibre Quart del Codi Civil de Catalunya, relatiu a les successions,* vol. I, Atelier, Barcelona, 2009, pp. 209-215.

KASER, M., KNÜTEL, R. y LOHSSE, S., *Derecho privado romano* (trad. de P. Lazo González y F. Andrés Santos), Agencia Estatal Boletín Oficial del Estado, Madrid, 2022.

KLIMA, J., *Sociedad y cultura en la antigua Mesopotamia* (trad. de M. Moreno), 4ª ed., Akal, Madrid,1995.

KREBS, C. B., *El libro más peligroso: la Germania, de Tácito, del Imperio Romano al Tercer Reich* (trad. de T. Fernández y B. Eguibar), Crítica, Barcelona, 2011.

LACRUZ BERDEJO, J.L. y SANCHO REBULLIDA, F. de A.; *Elementos de Derecho Civil, V*, Derecho de Sucesiones, Bosch, Barcelona, 1981.

LACRUZ BERDERJO, J.L, *Derecho de sucesiones*, Dykinson, Madrid, 2001.

LISERRE, A. *"L'avvento del documento elettronico"*, en Studi in onore di Pietro Rescigno, III Diritto Privato, 2. Obbligazioni e contratti, Dott. A. Giuffrè Editore, S.p.A., Milano, 1998, pp. 457-465.

LÓPEZ, A., "Posthumous Privacy, Decedent Intent, and Post-Mortem Access to Digital Assets", *24 Geo. Mason L. Rev. 183* (2016). Available at: https://scholarship.law.ua.edu/fac_articles/597

LÓPEZ FRÍAS, M.J., «Testamentifacción en tiempos revueltos: especial consideración del testamento en caso de epidemia», *Revista de Derecho, Empresa y Sociedad (REDS)*, nº 17 (2020), pp.220-235.

LÓPEZ-GALIACHO PERONA, J., "La `rabiosa´ actualidad del testamento en caso de epidemia", *El notario del siglo XXI: revista del Colegio Notarial de Madrid*, nº. 90, 2020, pp. 30-35. Disponible en: https://www.elnotario.es/opinion/opinion/10017-la-rabiosa-actualidad-del-testamento-en-caso-de-epidemia

LÓPEZ-RENDO RODRÍGUEZ, C., "Algunas consideraciones sobre el testamento ológrafo. De Roma al Código Civil Español", en *Fundamentos Romanísticos del Derecho Contemporáneo*, VIII. Derecho de Sucesiones (vol. II), Murillo Villar, A. y Gil García,

M.O (coord.), Agencia Estatal Boletín Oficial del Estado y Asociación Iberoamericana de Derecho Romano, Madrid, 2021, pp. 1533-1590.

LORENZ, K., *Sobre la agresión* (trad. de F. Blanco), Siglo XXI, Madrid, 2015.

LLEONART CASTRO, J.C., "Algunas cuestiones prácticas sobre la transmisión *mortis causa* del patrimonio digital", *RJNot*, n.º 116, 2023, pp. 199-236.

LLOPIS BENLLOCH, J.C., "Curso sobre herencia digital y protección de datos" publicado en: https://notariallopis.es/herencia-digital-y-proteccion-de-datos/

LLOPIS BENLLOCH, J.C., "Con la muerte digital no se juega: el testamento online no existe" en R. Olivia León, & S. Valero Barceló, *Testamento ¿Digital? España: Desafíos legales #RetoJCF Juristas con futuro*. 2016, pp. 45-52. Disponible en: https://dialnet.unirioja.es/descarga/libro/657167.pdf

LLOPIS BENLLOCH J.C, "La identificación y el juicio de capacidad en la intervención notarial a distancia", *Declaración de voluntad en un entorno digital*, Cizur-Menor (Navarra), Aranzadi, 2021, pp. 81-112.

MALDONADO RAMOS, I, "Y ahora... ¿el testamento digital?", *El Notario del Siglo XXI* (76), pp. 142-145.

MARIÑO PARDO, F., "Idea general sobre el testamento ológrafo". Disponible en: https://www.iurisprudente.com/2016/05/idea-general-sobre-el-testamento.html

MARIÑO PARDO, F., "Los nuevos artículos 17 y 23 de la Ley del Notariado". Disponible en: http://www.iurisprudente.com/2023/05/los-nuevos-articulos-17-y-23-de-la-ley.html

MARTÍNEZ DEL MORAL, F.J., "¿Se pueden heredar las criptomonedas?, publicado en notariosenred, el 30 de junio de 2022. Disponible en: https://www.notariosenred.com/2022/06/se-pueden-heredar-las-criptomonedas/

MARTINEZ ORTEGA, J.C. y BUSTO CABALLERO, A.I., *El testamento de las personas con discapacidad*, Colección Notariado Hoy, Ángel Serrano de Nicolás (Dir.), La Ley, Madrid, 2023.

MARTÍNEZ OTERO, J.M., "El derecho al olvido en internet: debates cerrados y cuestiones abiertas tras la STJUE GOOGLE vs AEPD y MARIO COSTEJA", UNED. *Revista de Derecho Político,* n.º 93, mayo-agosto 2015, pp. 103-142.

MERCHÁN MURILLO, A., "La sucesión digital internacional y el Reglamento sucesorio Europeo 650/2012", *Anuario de Derecho Internacional Privado, t.* XXI, 2021, pp. 327-357.

MERCHAN MURILLO, A., "La identidad electrónica como elemento esencial para la realización de una e-declaración de voluntad", *Declaración de voluntad en un entorno digital,* Cervilla Garzón, M.D. y Blandino Garrido, M.A. (dir.), Aranzadi, Cizur-Menor (Navarra), 2021.

METZINGER, T., *El túnel del yo. Ciencia de la mente y mito del sujeto* (trad. de E. Pérez-Manzuco), Enclave de Libros, Madrid, 2018

MIQUEL GONZÁLEZ, J, *Derecho Romano,* Marcial Pons, Madrid, 2016.

MONTEAGUDO, M., y GARCÍA, F.J., "La primera sentencia sobre bitcoins de nuestro Alto Tribunal: comentario a la Sentencia del Tribunal Supremo (Sala de lo Penal, Sección 1.ª) número 326/2019, de 20 de junio", *Actualidad Jurídica Uría Menéndez*, 52, 2019, pp. 128-135.

MORA TERUEL, F., *El yo clonado y otros ensayos de Neurociencia*, 2 ed., Alianza editorial, Madrid, 2023.

MORAES, D., "Web crawler: descubre qué es y entiende su relación con el Marketing Digital", en https://rockcontent.com/es/blog/web-crawler/

MORALEJO IMBERNÓN, N., "El testamento digital en la nueva Ley Orgánica 3/2018, de 5 de diciembre, de protección de datos personales y garantía de los derechos digitales", *ADC*, tomo LXXIII, 2020, fasc. 1, pp. 241-281.

MORENO BOBADILLA, A., "Los derechos digitales en Europa tras la entrada en vigor del Reglamento de Protección de Datos Personales: un antes y un después para el derecho al olvido digital", *Estudios Constitucionales*, vol. 18, n.º 2, 2020, pp. 259–276.

MORRIS, D., *El mono desnudo* (trad. de J. Ferrer Aleu), Debolsillo, Barcelona, 2003.

NATAL ALVAREZ, D., "El instinto territorial y su orientación", *Estudio agustiniano: Revista del Estudio Teológico Agustiniano de Valladolid*, vol. 18, fasc. 3, 1983. pp. 343-370.

NAVAS NAVARRO, S., "Herencia y protección de datos de personas fallecidas. A propósito del mal denominado `testamento digital´", *Revista de Derecho Privado*, n.º 1, 2020.

OLIVA IZQUIERDO, A., OLIVA RODRÍGUEZ, A.M. y OLIVA IZQUIERDO, A.M., *Los regímenes sucesorios del mundo*, Tomo I (Afganistán-Irlanda), Basconfer, Montalbán (Córdoba), 2017.

OMELCHUK, O., ILIOPOL, I. y SNIZHANNA, A., "Features of Inheritance of Cryptocurrency Assets", *Ius Humani. Revista de Derecho*. vol. 10 (I), 2021, pp. 103-122. Disponible en: http://iushumani.org/index.php/iushumani/article/view/233

OÑATE CUADROS, F.J., "¿Sueñan los extranjeros con el derecho foral?" en *Millennium Derecho Internacional Privado*, nº 16, Tirant lo Blanch, 2022. Disponible en: https://www.millenniumdipr.com/ba-105-suenan-los-extranjeros-con-el-derecho-foral

OTERO CRESPO, M., "El derecho de sucesiones en clave digital: Algunas consideraciones a propósito del `testamento digital´ y de la `herencia digital´ en el ámbito del derecho común", en *Declaración de voluntad en un entorno virtual*, Aranzadi Thomson Reuters, Cizur Menor (Navarra), 2011.

OTERO CRESPO, M., "La sucesión en los `bienes digitales´. La respuesta plurilegislativa española", *Revista de Derecho Civil*, vol. VI, núm. 4 (octubre-diciembre, 2019), pp. 89-133. Disponible en: https://www.nreg.es/ojs/index.php/RDC/article/view/477

PALAO HERRERO, J., *El sistema jurídico Ático Clásico*, 1ª ed., Colección: Monografías de Derecho Romano (dir. A. Fernández de Buján), Dykinson, Madrid, 2007.

PALAZZO, A., *Autonomia contrattuale e successione anomale*, Jovene, Napoli, 1983.

PALOMAR, A. y FUERTES, F.J., "Derecho al testamento digital", en *Práctico Protección de Datos de Carácter Personal y Garantía de Derechos Digitales* (Noviembre 2023), Vlex.

PARDO, M., y PATTERSON, D., «Fundamentos filosóficos del Derecho y la neurociencia.», *In-Dret 2.2011*.

PASTOR RIDRUEJO, F., La revocación del testamento, Nauta, Barcelona, 1964.

PENROSE, R., *Las sombras de la mente. Hacia una comprensión científica de la consciencia* (trad. de J. García Sanz), Crítica, Madrid,2011.

PEÑASCO VELASCO, R., "Cuando la discapacidad no impide escribir testamento ológrafo con la boca o con el pie: Análisis jurídico, histórico y social de las normas reguladoras del testamento ológrafo y su relación con la discapacidad", en *Sociedad, justicia y discapacidad,* Luaces Gutiérrez, A. I. y Vázquez González, C. (coord.), Thomson Reuters Aranzadi, Cizur-Menor (Navarra), 2020, pp. 173-203.

PÉREZ VALLEJO, A.M y VIVAS TESON, I., *La transmisión mortis causa del patrimonio intelectual y digital,* Aranzadi, Cizur Menor (Navarra), 2022, pp. 229-232.

PIOMBO HORACIO J. J., *"El pragmatismo judicial de Oliver Wendell Holmes, Jr. y la teoría predictiva del Derecho"*. Doxa. Cuadernos de Filosofía del Derecho, 43, 2019. pp. 189-218. https://doi.org/10.14198/DOXA2020.43.08

PRENAFETA, J., «Legado digital ante notario», 24 febrero 2014, http://www.jprenafeta.com/2014/02/24/legado-digital-ante-notario/

PROSSER, W, "Privacy", *California Law Review*, 1960, 48 (3), 383-423.

QUINTAS FROUFE, N., "La publicidad como origen de la derrota a Google en el derecho al olvido",

Anagramas, vol. 13, n.º 25, Julio-Diciembre de 2014, pp. 95-106.

RAMON FERNÁNDEZ, F., "El coronavirus. El testamento en situación de pandemia y el uso de las TICS", *Revista de Derecho Privado*, nº. 40, 2021.

RAMOS MEDINA, I., "Testamento online y testamento digital, ¿son posibles?". Disponible en: https://www.notariosenred.com/2021/06/testamento-online-y-testamento-digital-son-posibles/

REDING, V., «Why the EU needs new personal data protection rules?», *The European Data protection and Privacy Conference*, Bruselas, 2010. Disponible en: http://europa.eu/rapid/press-release_SPEECH-10-700_en.htm

ROCCI, C., "Un anno fa il figlio morì sul Cervino, oggi la mamma è tornata dove è caduto per ricordarlo" publicado en *La Repubblica*, 8 de julio de 2018. https://torino.repubblica.it/cronaca/2018/07/08/news/un_anno_fa_il_figlio_mori_sul_cervino_oggi_la_mamma_e_tornata_sul_cervino-201212143/

RODRÍGUEZ ADRADOS, A., "El principio de inmediación", en "*El notario del siglo XXI: revista del Colegio Notarial de Madrid*", n.º10, noviembre-diciembre 2006.

RODRÍGUEZ ADRADOS, A., "La unidad de acto formal" en "*El notario del siglo XXI: revista del Colegio Notarial de Madrid*", nº. 24, 2009.

RODRÍGUEZ BENOT, A., *Manual de Derecho Internacional Privado*, 10ª ed., Tecnos, Madrid, 2023.

RODRÍGUEZ PRIETO, R. y MARTINEZ CABEZUDO, F., "Herencia digital, términos y condiciones de uso y problemas derivados de la praxis social. Un análisis desde la filosofía del derecho", *Revista Internacional de Pensamiento Político*-I Época, vol. 12, 2017, pp. 77-104.

ROSALES DE SALAMANCA RODRÍGUEZ, F., "Testamento digital" en R. Olivia León, & S. Valero Barceló, *Testamento ¿Digital? España: Desafíos legales #RetoJCF Juristas con futuro*. 2016. Disponible en: https://dialnet.unirioja.es/descarga/libro/657167.pdf

RULE, Stan, "Hubschi Estate". Disponible en *https://sabeyrule.ca/hubschi-estate/*

SACCO, R., *El derecho mudo. Neurociencias, conocimiento tácito y valores compartidos* (trad. de C. E. Moreno More), Comunitas, Lima, 2016.

SÁENZ DE SANTA MARÍA VIERNA, A., "El testamento en tiempos de epidemia", *La Notaria*, 3/2020, pp. 98 a 109.

SÁNCHEZ, B., "La aportación de criptomonedas al capital social", *Legal Today*, 9 de octubre de 2017.

SANZ DE GALDEANO, M., "La controversia sobre la monetización de la cesión de los datos personales: El caso de Meta", publicado en *Diario La Ley, Nº 78, Sección Ciberderecho*, 28 de noviembre de 2023.

SANTOS MORÓN, M.ª J., «La denominada "herencia digital": ¿necesidad de regulación? Estudio de Derecho español y comparado», *Cuadernos de Derecho Transnacional*, marzo, vol. 10, n.º 1, 2018. DOI: https://doi.org/10.20318/cdt.2018.4128

SERRA, M.ª P., "L'alternativa al testamento: il mandato post mortem exequendum" publicado en *We Wealth*, el 3 de agosto de 2021. Disponible en: https://www.we-wealth.com/news/consulenza-patrimoniale/pianificazione-fiscale/alternativa-testamento-mandato-post-mortem-exequendum

SERRANO COPETE, J., "El testamento del barquero", *Crónica Global*, 18 de mayo de 2023. Disponible en: https://cronicaglobal.elespanol.com/pensamiento/20230518/el-testamento-el-barquero/764803517_13.html

SERRANO COPETE, J., "Sobre lo eterno y lo actual de las legítimas", en *Crónica Global*, 11 de junio de 2023. Disponible en: https://cronicaglobal.elespanol.com/pensamiento/20230611/sobre-lo-eterno-actual-de-las-legitimas/768053196_13.html

SERRANO COPETE, J., "El viaje a los infiernos de la "inteligencia superfial"", *Crónica Global,* 9 de enero de 2024. https://cronicaglobal.elespanol.com/pensamiento/20240109/el-viaje-los-infiernos-de-inteligencia-superficial/823547638_13.html

SERRANO DE NICOLÁS, A., "Planificación sucesoria: el testamento en la sucesión anómala y las transmisiones "parasucesorias", en Garrido Melero, M. y Fugardo Estivill, JM. (coord.), *Conflictos en torno a los patrimonios personales y empresariales,* Bosch, Barcelona, 2010.

SERRANO DE NICOLÁS. A., "El Derecho de sucesiones: el Reglamento 650/2012 en materia de sucesiones *mortis causa* y la creación de un certificado sucesorio" en *Jornadas sobre Derecho, inmigración y empresa,* Ripol Carulla, S. (Coord.), Marcial Pons, Madrid, 2019.

SILVERIO SANDOVAL, J., "El testamento ológrafo en soporte digital y la firma biométrica", *BMJ,* año LXXIII, nº. 2.222, 2009.

SISTO, D., *Posteridades digitales. Inmortalidad, memoria y luto en la era de Internet* (trad. de G. Barpal), Katz, Móstoles (Madrid), 2022.

SISTO, D., *Puercoespines digitales. Vivir eternamente en línea* (trad. de A. Miravalles), Katz, Móstoles (Madrid), 2023.

SOLÉ RESINA, J., "Las voluntades digitales: marco normativo actual", *Anuario de Derecho Civil*, vol. 71, n.º 2, 2018, pp. 421-433.

TÁCITO, *Germania* (edición de B. Antón Martínez), Akal, Madrid, 1999.

TOOD, Trevor, "Electronic Wills and S. 58 WESA". Disponible en: https://disinherited.com/will-interpretation/electronic-wills-and-s-58-wesa/

TREZZA. R, "Necro-robotica e circolazione dei dati personali *post mortem*", 1, *EJPLT*, 2022, pp. 219-236.

TURING, A., "Computing Machinery and Intelligence", *Mind, New Series*, vol. 59, nº. 236, Oxford University Press (Oct., 1950), pp. 433-460. Disponible en: http://www.jstor.org/stable/2251299

VAQUER ALOY, A., "Reflexiones sobre una eventual reforma de la legítima", *InDret, 3/2007.*

VAQUER ALOY, A., "Acerca del fundamento de la legítima", *InDret, 4/2017.*

VAQUER ALOY, A., "Reflexions per a una simplificació i modernització de les formes testamentàries i l´adequació del Llibre quart del Codi Civil de Catalunya a la nova regulació de la discapacitat", *Revista Catalana de Dret Privat,* vol. 26, 2022.

VAQUER ALOY, A., "Nuevas tecnologías y derecho de sucesiones" en Bayod López, C. (dir.), *Persona y Derecho Civil: los retos del siglo XXI (Persona, gé-*

nero, transgénero; inteligencia artificial y animales sensibles), Tirant lo Blanch, Valencia, 2023.

VÁZQUEZ, J.L., "Matemáticas, Ciencia y Tecnología: una relación profunda y duradera", *Encuentros multidisciplinares*, vol. 4, n.º 11, 2002, pp. 22-38.

VILASAU SOLANA, M., "El caso Google Spain: la afirmación del buscador como responsable del tratamiento y el reconocimiento del derecho al olvido (análisis de la STJUE de 13 de mayo de 2014), *IDP.* Revista de Internet, Derecho y Política. n.º 18, pp. 16-32. UOC. <http://journals.uoc.edu/index.php/idp/article/view/n18-vilasau/n18-vilasau-es> <http://dx.doi.org/10.7238/idp.v0i18.2371>

VOLTERRA, *Diritto romano e diritti orientali,* Jovene, Napoli, 1937.

VV. AA., *La tokenització de drets reals en la regulació del llibre cinquè del Codi civil de Catalunya,* CEJFE, 2020. Disponible en:

https://cejfe.gencat.cat/web/.content/home/recerca/cataleg/crono/2020/tokenitzacio_CA.pdf

WATSON, A., *Legal transplants: An approach to comparative law.* University of Georgia Press, Athens (USA), 1993.

WILSON, E.O., *Consilience: la unidad del conocimiento* (trad. de J. Ros i Aragonès), Galaxia Gutenberg, Barcelona, 1999.

WILSON, E.O, *Los orígenes de la creatividad humana* (trad. de J. Ros i Aragonès), Crítica, Barcelona,2018.

YBARRA BORES, A., *La sucesión mortis causa de ciudadanos británicos en España,* Cuadernos CDNIC, nº 1, Andrés Rodríguez Benot (dir.), Tirant lo Blanch, Valencia, 2021.

ZAMORA BONILLA, J., *En busca del yo. El mito del sujeto y el libre albedrío*, Shackleton Books, Barcelona, 2022.

ZIMMERMANN, R., *The Law of Obligations. Roman Foundations of the Civilian Tradition*, Juta & Co, Ltd, Ciudad del Cabo, 1992.

ZIMMERMANN, R., "El carácter europeo del Derecho inglés", en *Estudios de Derecho Privado Europeo* (trad. de A. Vaquer Aloy), Civitas, Madrid, 2000, pp. 161–228.

ZOPPINI, A., "Le successioni nel diritto comparato (note introduttive)", en ALPA, G. *et alii, Diritto privato comparato. Instituti e problemi*, Laterza, Roma-Bari, 2008, pp. 381 ss.

ZOPPINI, A., "Las sucesiones en el derecho comparado (notas introductorias)" en Calderón Puertas, C.A., Agurto Gonzales, C. (coord.), *Las sucesiones* (vol. VI), Observatorio de Derecho Civil, Motivensa Editora Jurídica, Lima (Perú), 2011, pp. 67 - 81.

ZWEIGERT, K. y KÖTZ, H., *Introducción al derecho comparado* (trad. de A. Aparicio Vázquez), Oxford University Press, México D.F., 2002.